"十二五"国家重点图书出版规划项目

文化系列

武汉大学史话

A Brief History of Wuhan University

涂上飙 著

社会科学文献出版社
SOCIAL SCIENCES ACADEMIC PRESS (CHINA)

《中国史话》编辑委员会

主　　任　陈奎元

副 主 任　武　寅　高　翔　晋保平　谢寿光

委　　员　(以姓氏笔画为序)

　　　　　　卜宪群　马　敏　王　正　王　巍
　　　　　　王子今　王建朗　邓小南　付崇兰
　　　　　　刘庆柱　刘跃进　孙家洲　李国强
　　　　　　张国刚　张顺洪　张海鹏　陈支平
　　　　　　陈春声　陈祖武　陈谦平　林甘泉
　　　　　　卓新平　耿云志　徐思彦　高世瑜
　　　　　　黄朴民　康保成

秘 书 长　胡鹏光　杨　群

副秘书长　宋月华　薛增朝　袁清湘　谢　安

总　序

  中国是一个有着悠久文化历史的古老国度，从传说中的三皇五帝到中华人民共和国的建立，生活在这片土地上的人们从来都没有停止过探寻、创造的脚步。长沙马王堆出土的轻若烟雾、薄如蝉翼的素纱衣向世人昭示着古人在丝绸纺织、制作方面所达到的高度；敦煌莫高窟近五百个洞窟中的两千多尊彩塑雕像和大量的彩绘壁画又向世人显示了古人在雕塑和绘画方面所取得的成绩；还有青铜器、唐三彩、园林建筑、宫殿建筑，以及书法、诗歌、茶道、中医等物质与非物质文化遗产，它们无不向世人展示了中华五千年文化的灿烂与辉煌，展示了中国这一古老国度的魅力与绚烂。这是一份宝贵的遗产，值得我们每一位炎黄子孙珍视。

  历史不会永远眷顾任何一个民族或一个国家，当世界进入近代之时，曾经一千多年雄踞世界发展高峰的古老中国，从巅峰跌落。1840年鸦片战争的炮声打破了清帝国"天朝上国"的迷梦,从此中国沦为被列强宰割的羔羊。一个个不平等条约的签订,不仅使中国大量的白银外流,更使中国的领土一步步被列强侵占,国库亏空,民不聊生。东方古国曾经拥有的辉煌,也随着西方列强坚船利炮的轰击而烟消云散,中国一步步堕入了半殖民地的深渊。不甘屈服的中国人民也由此开始了救国救民、富国图强的抗争之路。从洋务运动到维新变法,从太平天国到辛亥革命,从五四运动到中国共产党领导的新民主主义革命,中国人民屡败屡战,终于认识到了"只有社会主义才能救中国,只有社会主义才能发展中国"这一道理。中国共产党领导中国人民推倒三座大山,建立了新中国,从此饱受屈辱与践踏的中国人民站起来了。古老的中国焕发出新的生机与活力,摆脱了任人宰割与欺侮的历史,屹立于世界民族之林。每一位中华儿女应当了解中华民族数千年的文明史,也应当牢记鸦片战争以来一百多年民族屈辱的历史。

当我们步入全球化大潮的 21 世纪,信息技术革命迅猛发展,地区之间的交流壁垒被互联网之类的新兴交流工具所打破,世界的多元性展示在世人面前。世界上任何一个区域都不可避免地存在着两种以上文化的交汇与碰撞,但不可否认的是,近些年来,随着市场经济的大潮,西方文化扑面而来,有些人唯西方为时尚,把民族的传统丢在一边。大批年轻人甚至比西方人还热衷于圣诞节、情人节与洋快餐，对我国各民族的重大节日以及中国历史的基本知识却茫然无知，这是中华民族实现复兴大业中的重大忧患。

中国之所以为中国，中华民族之所以历数千年而不分离，根基就在于五千年来一脉相传的中华文明。如果丢弃了千百年来一脉相承的文化，任凭外来文化随意浸染，很难设想13亿中国人到哪里去寻找民族向心力和凝聚力。在推进社会主义现代化、实现民族复兴的伟大事业中，大力弘扬优秀的中华民族文化和民族精神，弘扬中华文化的爱国主义传统和民族自尊意识，在建设中国特色社会主义的进程中，构建具有中国特色的文化价值体系，光大中华民族的优秀传统文化是一件任重而道远的事业。

当前，我国进入了经济体制深刻变革、社会结构深刻变动、利益格局深刻调整、思想观念深刻变化的新的历史时期。面对新的历史任务和来自各方的新挑战，全党和全国人民都需要学习和把握社会主义核心价值体系，进一步形成全社会共同的理想信念和道德规范，打牢全党全国各族人民团结奋斗的思想道德基础，形成全民族奋发向上的精神力量，这是我们建设社会主义和谐社会的思想保证。中国社会科学院作为国家社会科学研究的机构，有责任为此作出贡献。我们在编写出版《中华文明史话》与《百年中国史话》的基础上，组织院内外各研究领域的专家，融合近年来的最新研究，编辑出版大型历史知识系列丛书——《中国史话》,其目的就在于为广大人民群众尤其是青少年提供一套较为完整、准确地介绍中国历史和传统文化的普及类系列丛书,从而使生活在信息时代的人们尤其是青少年能够了解自己祖先的历史,在东西南北文化的交流中由知己到知彼,善于取人之长补己之短,在中国与世界各国愈来愈深的文化交融中,保持自己的本色与特色,将中华民族自强不息、厚德载物的精神永远发扬下去。

《中国史话》系列丛书首批计200种,每种10万字左右,主要从政治、经济、文化、军事、哲学、艺术、科技、饮食、服饰、交通、建筑等各个方面介绍了从古至今数千年来中华文明发展和变迁的历史。这些历史不仅展现了中华五千年文化的辉煌,展现了先民的智慧与创造精神,而且展现了中国人民的不屈与抗争精神。我们衷心地希望这套普及历史知识的丛书对广大人民群众进一步了解中华民族的优秀文化传统,增强民族自尊心和自豪感发挥应有的作用,鼓舞广大人民群众特别是新一代的劳动者和建设者在建设中国特色社会主义的道路上不断阔步前进,为我们祖国美好的未来贡献更大的力量。

2011年4月

出版说明

自古至今，始终坚持不懈地从漫长的文明进程中不断总结历史经验教训，从中汲取有益营养，从而培植广阔的历史视野，并具有浓厚的历史意识，这是我们中国文化独有的鲜明特征，中华民族亦因此而以悠久的"重史"传统著称于世。在整个人类文明史上独一无二、系统完备的"二十四史"即证明了这一点。

中华人民共和国成立后，历史知识普及工作被放到十分重要的位置。20世纪五六十年代，著名历史学家吴晗主持编写的《中国历史小丛书》，90年代中国社会科学院院长胡绳组织编写的《中华文明史话》和《百年中国史话》，成为"大家小书"的典范，而后两套历史知识普及丛书正是《中国史话》之缘起。

2010年年初，为切实贯彻中央关于"做好历史知识普及工作"的指示精神，同时也为了更好地弘扬中国传统文化，我们对《中华文明史话》和《百年中国史话》

两套丛书的内容进行了修订和增补，重新设计框架，以"中国史话"为丛书名出版。第十一届全国政协副主席、时任中国社会科学院院长陈奎元亲任《中国史话》一期编委会主任，时任中国社会科学院副院长武寅任编委会副主任。正是有了各级领导的关心支持和诸多学术名家的积极参与，《中国史话》一期200种图书得以顺利出版，并广受好评。

《中国史话》丛书的诞生，为历史知识普及传播途径的发展成熟，提供了一种卓具新意的形式。这种形式具有以通俗表述、适中篇幅和专题形式展现可靠历史知识的特征。通俗、可靠、适中、专题，是史话作品缺一不可的要素，也是区别于其他所有研究专著、稗官野史、小说演义类历史读物的独有特征。

囿于当时条件，《中国史话》一期的出版形式不尽如人意，其内容更有可以拓展的广阔空间，为此2013年4月我们启动了《中国史话》二期出版工作。《中国史话》二期分为经济、政治、文化、社会和生态五大系列，拟对中国各区域、各行业、各民族等的发展历史予以全方位介绍。我们并将在适当时机，启动《世界史话》的出版工作。史话总规模将达数千种。

我们愿携手海内外专家学者，将《中国史话》《世界史话》打造成以现代意识展现全部人类历史和人类文明，集学术性、知识性、趣味性于一体的"万有文库"；并将承载如此丰厚内容的史话体写作与出版努力锻造成新时期独具特色的出版形态。

希望史话丛书能在形塑民族历史记忆、汲取人类文明精华、培育现代国民方面有所贡献，并为广大读者所喜爱。

史话编辑部
2014年6月

目录 Contents

序 ………………………………………………………… 1

一 校史概述 ………………………………………………… 1
1. 百廿历程——发展的轨迹 …………………………… 1
2. 百廿辉煌——职责与贡献 ………………………… 28
3. 百廿展望——建一流大学 ………………………… 36

二 武汉大学往事 ………………………………………… 45
1. 沈祝三亏本修建新校舍 …………………………… 45
2. 筑巢引凤：十八栋别墅的名人印记 ……………… 51
3. 李四光与武汉大学的不解情缘 …………………… 56
4. 首任校长王世杰的珞珈情 ………………………… 60
5. 20 世纪 30 年代的"法学院之王" ………………… 68

6. 周恩来在武汉大学的抗战活动 …………………… 74
7. 郭沫若与珞珈山 …………………………………… 79
8. 武汉大学樱花的历史 ……………………………… 84
9. 20世纪三四十年代在《自然》《科学》
   杂志上发表的8篇论文 …………………………… 87
10. 珞珈山"六一惨案" ……………………………… 91
11. 毛泽东视察武汉大学 …………………………… 97

三 武汉大学名人 ………………………………… 101
1. 中共"一大"代表：陈潭秋 ……………………… 101
2. 三位部聘教授：周鲠生、杨端六、刘秉麟 ……… 106
3. 珞珈三女杰：袁昌英、苏雪林、凌叔华 ………… 111
4. 哈佛三剑客：吴于廑、张培刚、韩德培 ………… 117
5. 中国病毒学的奠基人：高尚荫 …………………… 123
6. 中国摄影测量与遥感学科的奠基人：王之卓 …… 127
7. 中国杰出的数学家：李国平 ……………………… 132
8. 与陈寅恪并驾齐驱的学者——唐长孺 …………… 137
9. 历史地理学的一枝独秀：石泉 …………………… 140

附：大事年表 …………………………………………… 145

参考书目 ………………………………………………… 166

后　记 …………………………………………………… 169

序

19世纪晚期，清廷处在风雨飘摇之中，民族危机不断加深。在一片救国的声浪中，1893年11月29日，湖广总督张之洞上奏光绪皇帝，创办一所新式教育学堂。武汉大学的前身——湖北自强学堂就此诞生，也揭开了学校不断进取的历史征程。

一路走来，学校在"朴、诚、勇"，"明诚、弘毅"，"自强、弘毅、求是、拓新"等校训精神的激励下，经过晚清、民国和新中国几个时期的发展，武汉大学不断砥砺前行，从民国的"五大"名校之一，发展成为当今中国杰出和名列前茅的大学。

武汉大学的120年，是实现人才培养、科学研究、社会服务及文化传承功能的120年，更是武汉大学精神不断凝练形成的120年。

致力于建设"中国特色、世界一流"的武汉大学，应该从历史中不断汲取营养，从形成的武汉大学精神中获取不竭的动力。

120年来，武汉大学形成了如下一些精神：

——自强不息的精神。学校自创办以来，历届校长始终以自强不息的精神办学。张之洞认为，经国首当自强，自强之道应该以教育为先；王世杰则认为，武汉大学不办则已，要办就办一所有崇高理想，一流水准的大学；李达非常关心学校的社会地位，要求迎头赶上前面的学校；李晓红提出建立一所"顶天立地"的具有中国特色、世界一流水平的大学。

——爱国进步的精神。早在学堂时期，学生们就参加了两次拒俄运动。1919年，"五四运动"席卷全国的时候，学校一度成为武汉"五四运动"的中心。

1927年，大革命的浪潮席卷中华大地，武汉大学成为革命的红色阵地。1938年，学校成为团结抗日的重要基地。周恩来、董必武、郭沫若以及蒋介石、李宗仁、陈诚等齐集珞珈山联合抗日。在学校迁至乐山时期（1938~1946），以李晓声为代表的100多名学生，参加远征军，与日军进行殊死决战。解放战争打响后，珞珈山成了反蒋的新基地。新时代的珞珈山人更是将爱国进步的精神发扬光大，培养出感动中国的人物桂希恩、全国道德模范黄来女、全国优秀青年志愿者赵小亭等。

——批判求真的精神。批判求真是大学的基本精神之一。在1977年的全国科教工作会议上，查全性院士首先倡导恢复高考。为了突破思想的禁锢，马克思主义哲学家陶德麟校长参与了真理标准问题的大讨论。20世纪80年代初,刘道玉校长勇敢地推行教育教学改革,对全国教育改革影响深远。当艾滋病作为一种公害向社会蔓延的时候,桂希恩教授如实地向社会公布艾滋病的现状并提出防治建议。

——人文与科学精神。人文精神起源于中世纪,科学精神则诞生于近代对自然的探索。在武汉大学120年的发展历程中,人文与科学精神一直得到传承、演变和发展。从珞珈三女杰(袁昌英、苏雪林、林叔华)到哈佛三剑客(吴于廑、张培刚、韩德培),从民国的部聘教授(周鲠生、杨端六、刘秉麟)到现在的人文社科资深教授,他们都是传承人文精神的一代又一代宗师。从民国的查谦、邬保良、汤佩松、邵逸周、桂质廷等自然科学学者到李国平、高尚荫等学部委员,他们传递了武汉大学一代又一代的科学精神。

——崇尚学术的精神。对学术的推崇,经过王世杰、周鲠生、李达等校长及朱光潜、李剑农、李国平、杨端六、刘秉麟、高尚荫等学人的身体力行,已经内化为武汉大学学人们的一种自觉行动。由于对学术的推崇,自由的"教"、"研"与"学"已成为武大人的习惯。

当然,时代在发展,一所大学的精神也需要与时俱进。我们在汲取历史营养的同时,还应该在大学的内外兼修中培育新的理念、在还原大学精神中光大新的精神。

总之,牢记学校历史、弘扬大学精神、启迪规划未来,是编写本书的目的。

一　校史概述

每年的 11 月 29 日，是武汉大学的生日。如今它已经度过两个花甲，横跨了晚清、民国和中华人民共和国三个时代，见证了中国高等教育从无到有、从弱到强，不断发展壮大的艰辛历程。

1　百廿历程——发展的轨迹

从湖北自强学堂到湖北方言学堂（1893～1911）

1893 年 11 月 29 日，湖广总督张之洞奏请光绪皇帝，在湖北设立自强学堂。他认为"盖闻经国以自强为本""自强之道，以教育人才为先"，故学堂取"自强"二字。这座位于湖北武昌三佛阁大朝街口的新式高等专门学堂，设方言、算学、格致、商务四门，由此揭开了近代湖北高等教育的序幕。1896 年湖北自强学堂将方言一门逐步扩大为英语、法语、德语、俄语、东文（日语）5 门，成为一个专门的语言学堂。

1893年11月29日，湖广总督张之洞向
光绪皇帝上奏《设立自强学堂片》

1901年，清政府下达兴学诏令，除京师设大学堂外，各省均设立大学堂。1902年6月，张之洞建议利用原农务局（农务学堂）的旧址，设立一所方言学堂，将自强学堂原有的学生迁入，于是湖北自强学堂改名湖北方言学堂。湖北自强学堂原址供文普通中学使用。湖北方言学堂设立后，在管理方式、学科设置以及师资配备上均无多大改变，只是在规模上有所扩大而已。

湖北方言学堂，北倚蛇山，南临长湖、紫阳湖，东面是张之洞的住址抱冰堂，西面是省议会、阅马场，这是办学的理想之地，也奠定了以后大学传承和发展的基础。

1911年辛亥革命前夕，湖北方言学堂因经费紧张而停办。

从国立武昌高等师范学校到国立武昌师范大学（1913～1924）

民国初年，由于教育师资的缺乏，北洋政府决定在北京、南京、武昌、广州、沈阳、成都设立六大学区。每区设立一所

国立高等师范学校,即北京高等师范学校、南京高等师范学校、武昌高等师范学校、广东高等师范学校、沈阳高等师范学校和成都高等师范学校。六所学校除北京高等师范学校后来改为北京师范大学外,其余五所都变成了综合性大学的重要组成部分,即后来的国立中央大学、国立武汉大学、国立中山大学、国立四川大学和国立东北大学。

1913年政府派贺孝齐前往武昌,以湖北武昌方言学堂为基础,改建国立武昌高等师范学校(以下简称"高师"),仿日本教育模式设立英文、历史地理、数学物理、博物四部。贺孝齐、张渲、谈锡恩、张继煦先后任校长。

1918年建校五周年绘制的国立武昌高等师范学校校舍全景

高师十年设有预科和本科两个层级。1919年高师就制作了校旗,制定了"朴、诚、勇"的校训,撰写了校歌:

乾坤清旷,师儒道光,国学建武昌。镜湖枕麓,屏城衬江，灵秀萃诸方。东西南朔，多士跄跄（qiāng），教学益相彰。朴诚有勇，陶铸一堂，学盛国斯强。

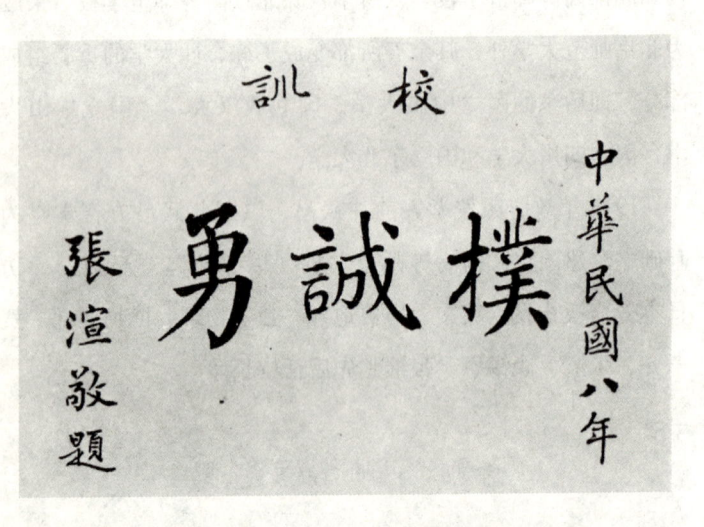

1919年张渲校长题写的国立武昌高等师范学校校训

1922年，高师首次招收女生，在湖北开了风气之先；同年，学习欧美模式改四部为8系，即教育哲学系、国文系、英语系、数学系、理化系、历史社会学系、生物系、地质系。1923年，学校宣布实行学分制。黄际遇、竺可桢、张珽、王葆心、纪育沣、耿丹、李汉俊、杜佐周等都是这一时期教师中的佼佼者。陈潭秋、章伯钧、朱光潜、钱亦石、杜佐周、沈刚、曾昭安、何定杰等都是此时学校培养出来的杰出人才。

1923年9月，根据新的学制，改国立武昌高等师范学校为国立武昌师范大学，逐步推行美国模式。

高师的发展奠定了以后国立武汉大学发展的基础，高师是以后发展演变的国立武昌大学、国立武昌中山大学和国立武汉大学的重要组成部分。尤其在国立武汉大学建立的过程中,文学院的中国文学、外国文学、哲学、历史系,理学院中的数学、物理、化学以及生物等系的设置,都有高师时期的学科传承和师承渊源。

从国立武昌大学到国立武昌中山大学（1924~1927）

1924年,国立武昌师范大学改名为国立武昌大学,教育部派北京大学理化系教授石瑛任校长。学校开始向综合性大学迈进。

1925年1月18日,石瑛在李四光的陪同下到任。他将机构调整为二院一处,即文哲院、理工院和总务处;还从北京大学和其他大学聘来李四光、陈建功、郁达夫、汤璪真、胡庶华、吴小朋等一批知名教授。先后邀请吴稚军、胡适、周鲠生、马寅初等知名学者来校讲学。

1926年,北伐军到达武汉,学校的一切事务遂告停顿,不久并入新成立的国立武昌中山大学。

为适应武汉逐渐成为革命中心的需要,国民政府决定在武昌组建一所新的大学——国立武昌中山大学。1926年,国立武昌大学与国立武昌商科大学、湖北省立医科大学、湖北省立法科大学、湖北省立文科大学等合并为国立武昌中山大学,设有大学部和文、理、法、经、医、预6科,计17个系、2个部。它是武汉大学历史上三次大分合中的第一次大调整,也奠定了国立武汉大学的发展基础。

国立武昌中山大学是一所红色学校,董必武、郭沫若等是学校的创办人之一；出席中共"一大"的董必武、陈潭秋、李汉俊、李达、周佛海5位代表是学校的创办人、领导者或执教者。

国立武昌中山大学校徽

国立武昌中山大学也称国立第二中山大学。为了纪念孙中山先生，国民政府决定将国立中山大学改为第一中山大学，国立武昌中山大学改为第二中山大学，国立浙江大学改为第三中山大学，国立中央大学改为第四中山大学，开封、南昌、上海、安徽、兰州、西安都有一所中山大学。第一至第四中山大学后因引起办学地点上的歧义，1928年2月大学院决定除广州第一中山大学保留外，另三所又改为以地方命名。

随着大革命的失败，1927年12月24日，国立武昌中山大学的师生员工们被勒令离开学校，校产交湘鄂临时政府暂管。

国立武汉大学初创十年（1928~1938）

1928年7月，南京国民政府以原国立武昌中山大学为基础，组建国立武汉大学，初设文、法、理、工4个学院。1929年5月，法学家王世杰正式成为国立武汉大学首位校长。他提出要把学校办成一所拥有文、法、理、工、农、医6大学院的万人大学。

1930年3月，经地质学家李四光、林业学家叶雅各等人的勘察，国立武汉大学决定在东湖之滨的珞珈山（原名落驾山）兴建新校舍。"珞珈山"是首任文学院院长闻一多先生所改。珞，是坚硬的石头；珈，是古代妇女戴的头饰。"落驾"与"珞珈"二字谐音，寓意当年在落驾山筚路蓝缕、辟山建校的艰难。

1931年制定的国立武汉大学校徽

校长王世杰认为，在珞珈山新建校舍，风景优美、有山有水；石山居多，不占耕地；离城不远，启迪文化。学校建筑设备委员会最后确定新校址东以东湖滨为界，西以茶叶港为界，北以郭郑湖为界，南面自东湖滨至茶叶港桥头，总面积3063.9亩。

新校舍的建筑理念"以雄伟坚固适用为原则，不求华美"，讲究整体布局，在建筑风格上采中西之所长，融古典建筑艺术与现代艺术为一炉。2001年6月25日，建于20世纪30年代武汉大学的一批早期建筑被国务院评为第五批全国重点文物保护单位。

1932年3月，学校由东厂口迁入珞珈山。

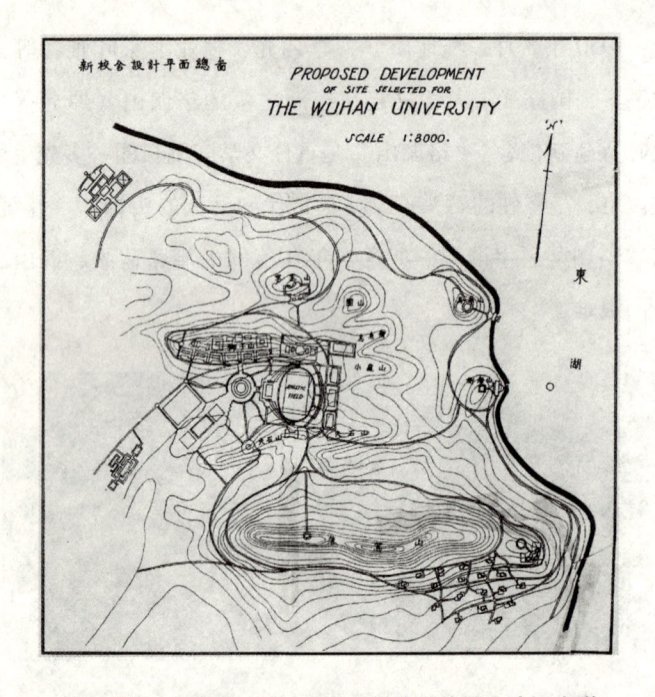

美国建筑工程师开尔斯于 1929 年绘制的国立武汉大学
珞珈山新校舍设计平面总图

1934 年学校设立法科、工科研究所，开展专门的学术研究及研究生教育。1935 年，学校开始招收研究生，逐步拓展大学的第二功能，成为中国最早开展研究生教育的大学之一。1936 年，学校正式成立农学院，从而发展成为拥有文、法、理、工、农 5 个学院 15 个系 2 个研究所的综合大学。

此时，在刘树杞（代理校长）、王世杰、王星拱校长的带领下，学校逐步形成了"明诚、弘毅"的校训。"明诚"二字，出自《礼记·中庸》："自诚明，谓之性；自明诚，谓之教；诚则明矣，明则诚矣。""弘毅"二字，出自《论语》：

1934 年在武昌街道口重建的国立武汉大学校门牌坊

"士不可以不弘毅,任重而道远。仁以为己任,不亦重乎?死而后已,不亦远乎?"

1937 年,国立武汉大学与国立中央大学、国立北京大学、国立清华大学、国立浙江大学,按照教育部的要求,试点进行统一招生考试,国立武汉大学从而跻身"民国五大名校"之列。

抗日战争全面爆发,国共两党大批军政要人蒋介石、李宗仁、张群、陈诚、周恩来、董必武、郭沫若等云集珞珈山,共同开展对日抗战活动。在这里,召开过中国国民党临时全国代表大会,举办过国民党军官训练团。在珞珈山上,董必武、周恩来、王明、陈独秀等都做过有关抗日的报告和演讲。

在国家民族危机日益深重的时期,珞珈山下的教职员工以民族大义为重,通过著书立说、宣传演讲,启迪国人;通过捐钱献物、抵制日货，践行抗日。

当侵略军横行中华大地时，狮子山上的李锐、刘西尧等学子们，以自己的英雄行为谱写了一曲曲抗日救亡的壮歌，游行、罢课、抗议、宣传革命等，在学校革命斗争史上写下了光辉的一页。

武汉沦陷后，珞珈山种上了樱花树，校舍也成为日军的中原司令部。1939年，日本人为解思乡之苦，运来樱花栽植在珞珈山上，这就是今日武汉大学樱花的缘起（当年日军在珞珈山种下的樱花不过20几株，主要分布在今天的樱花大道上）。

乐山时期的国立武汉大学（1938～1946）

1938年中日武汉会战打响后，学校被迫西迁四川乐山。乐山古称嘉定，地处四川省中南部，大渡河、青衣江和岷江汇合处。

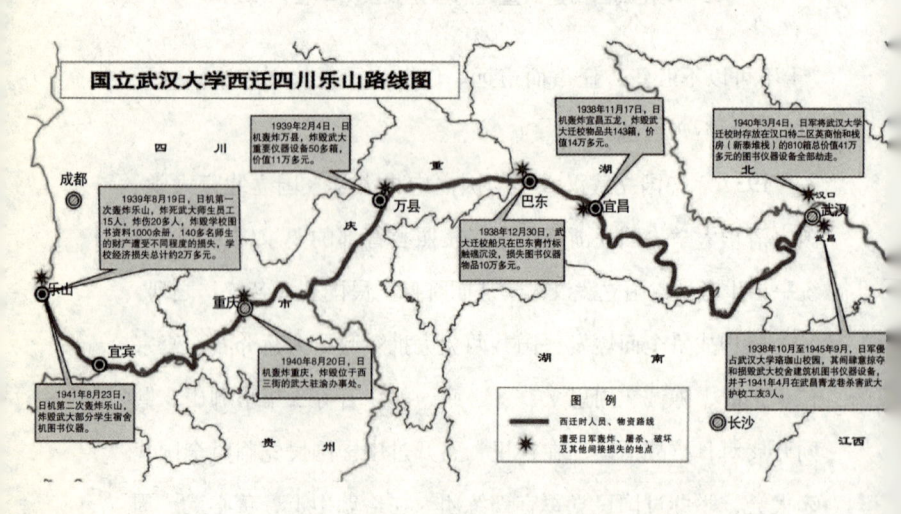

1938年3月国立武汉大学迁往四川乐山线路图

乐山时期学校设有：文学院，下辖中国文学系、外国文学系、哲学教育系、史学系、文科研究所；法学院，下辖法律系、政治系、经济系、法科研究所；理学院，下辖物理系、化学系、生物系、数学系、理科研究所；工学院，下辖土木系、机械系、电机系、矿冶系、工科研究所、机械专修科和实习工厂。共计4院、15系、4个研究所、1个科。农学院在西迁前奉命迁入重庆沙坪坝的国立中央大学。

此时，化学家王星拱校长在敌人的狂轰滥炸中艰辛办学8年。其间，学校在全国学业竞赛、拔尖人才的培养、部聘教授的评选以及在《自然》《科学》杂志上论文的发表都创造了辉煌的业绩。

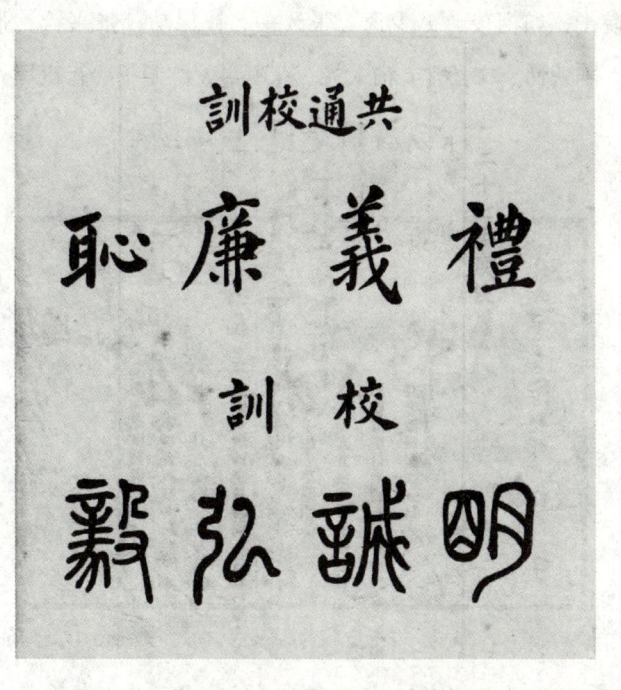

1939年刊行的国立武汉大学校训

从 1938~1946 年，先后在武汉大学就读的学生约 2767 人，毕业生约 1974 人。从 1940 年开始，全国高校连续举行了六届学业竞试，武汉大学学子都成绩斐然。

第一届学业竞试，在全国高校中武汉大学在甲类竞赛中排名并列第七、乙类排名第六、丙类排名第一；第二届，甲类排名并列第八、乙类排名第一、丙类排名第二；第三届，在参加的丙类竞试中排名第三；第四届，只单独进行了丙类——论文竞赛，排名并列第一；第五、第六届结果未公布。

这批学生中有 20 余人被评为中国科学院院士或中国工程院院士，如柯俊、彭少逸、张致一、钱保功、张兴铃、张效祥、陈荣悌、文圣常、俞大光、张嗣瀛、欧阳予、崔崑等。

电机系学生俞大光（现为院士）获第二届全国
专科以上学校学生学业竞试的奖状

此时学校的研究生教育处于全国前列。截至1942年，武汉大学计有4个研究所、6个学部招收培养研究生，位居全国第四位。从1935年开始到1945年，武汉大学共招收了9届研究生，计76名；其中40年代招收了6届研究生共67人，这一发展规模在全国处于前列。

从1943年5月起至1948年4月止，教育部共授予全国硕士学位232人，其中：文科43人，理科40人，法科22人，师范科26人，农科64人，工科17人，商科14人，医科6人。国立中央大学、金陵大学、国立中山大学、国立浙江大学、国立武汉大学的硕士学位授予的人数位居前五名，分别是51人、47人、33人、25人、18人，国立武汉大学排名第五。

此时，武汉大学的好多教授声名远播：周鲠生被称为中国国际法的泰斗；杨端六、刘秉麟、刘迺诚、吴学义等，都是公论的硕彦名儒；文学院的朱光潜、陈西滢、叶绍钧、袁昌英、张颐都是国人所熟知的教授；工学院的俞忽，发明"俞忽律"，为世界学术所推崇；理学院的陶延桥、叶峤、桂质廷等都是驰名国内、众所钦仰的教授。

因学术地位的提高和社会声誉的远播，学校与当时的国立中央大学、国立西南联大和国立浙江大学一道，被世人并誉为"抗战四大名校"。

1945年8月，日本帝国主义投降。学校从乐山迁回珞珈山。

东归珞珈山的国立武汉大学（1946~1949）

1946年10月31日，学校开始在珞珈山复校上课。10月

31 日成为复校纪念日。

　　此时，王星拱调任国立中山大学校长，法学家周鲠生接任国立武汉大学校长。周鲠生于 1946 年恢复了农学院，叶雅各担任筹备主任。1947 年，因抗战停建的农学院大楼竣工。1946 年 10 月 2 日，教育部令国立武汉大学设立医学院，李宗恩为主任委员，负责医学院的筹备工作。1947 年医学院开始招生，周金黄任院长。医学院在东厂口老校舍设有附属医院一所。

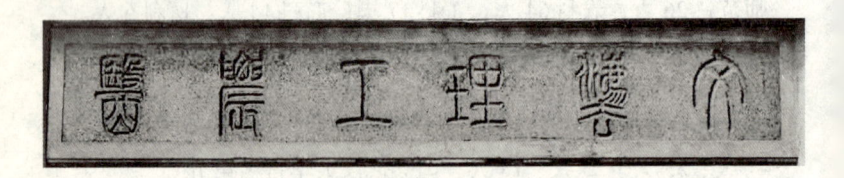

国立武汉大学校门牌坊背面的文、法、理、工、农、医六字

　　同时，学校还调整充实了研究机构及负责人员，刘永济、刘秉麟、余炽昌、李剑农、刘迺诚、杨端六、邬保良、俞忽、文斗等分别任文科研究所、法科研究所、工科研究所、文科研究所文史学部、法科研究所政治学部、法科研究所经济学部、理科研究所理化学部、工科研究所土木工程学部、工科研究所电机工程学部所长或主任。1947 年 5 月，原有的 4 所 11 部改为 8 所：中国文学研究所、历史研究所、政治研究所、经济研究所、物理研究所、化学研究所、土木工程研究所、电机工程研究所。

　　至 1948 年，学校形成了文、法、理、工、农、医 6 大学院、20 个系、8 个研究所的办学格局。据 1948 年出版的《第二次中国教育年鉴》统计，当时 31 所国立大学的学院数为：

中央大学设有7大学院，位居第一。武汉大学与北京大学、浙江大学、中山大学、四川大学、贵州大学、长春大学和台湾大学处于并列第二位。六大学院的建立，最终实现了王世杰老校长办学之初的理想。

学校的人才培养质量也得到国际社会的认可。1948年2月20日，教育部国际文化教育事业处函告国立武汉大学：英国牛津大学已认可武汉大学本科毕业生在牛津之研究生地位。即武汉大学的毕业生凭学习成绩即可申请攻读牛津大学的研究生。享有同等待遇的还有北京大学、清华大学、南开大学、国立中央大学、浙江大学及私立北平协和医学院六所院校。

此时的珞珈山民主运动正风起云涌，学校里反美抗暴、"三反运动"及护校斗争等波澜起伏。

计划经济时代的武汉大学（1949~1976）

1949年5月16日，武汉解放。武汉军事管制委员会文教部，从6月10日正式开始接管学校。学校由国立武汉大学更名为武汉大学。8月24日，文教接管部批准成立武汉大学校务委员会，取代原有的校长制，成为全校最高领导机构。邬保良为校务委员会主任委员，查谦为副主任委员，前校长周鲠生为中南政务委员会委员。

1952年11月，中央人民政府政务院第19次会议批准任命，著名的马克思主义理论学家、教育家李达为武汉大学校长。1953年2月23日，李达正式到校就职。

1952年，根据中央教育部规定，学校进行了院系调整。开始了武汉大学历史上的第二次大调整。此前，武汉大学医学

李达校长和学生在一起

院及附设医院,与上海同济大学医学院合并,组成中南同济医学院。武汉大学的农学院与湖北省农学院合并成立华中农学院。工学院的机械系、电机系、土木系、矿冶系及外文系英文组的教师80余人、学生700余人,分别调往华中工学院、华南工学院、中南土木建筑学院、中南矿冶学院及中山大学等院校工作和学习。文学院哲学系并入北京大学哲学系。1954年12月1日,高等教育部批准成立武汉水利学院,院长为张如屏,副院长为张瑞瑾,水利学院从武汉大学分出。

同时,华中大学经济系并入武汉大学经济系;湖南大学数学系、生物系、物理系、化学系、中文系、历史系等;南昌大学数学物理系、生物系、物理系、化学系、中文系及外文系俄文组等;华南工学院水利系及文华图书馆专科学校的教师50

余人、学生800余人，调整到武汉大学工作和学习。

调整后的武汉大学，成为一所综合性大学。全校共有数学、物理、化学、生物、中文、俄文、历史、法律、政治经济学9个系以及图书馆学专修科。

1953年学校共有教师327人，学生2084人。

李达到任后，全校师生开展了对马列主义毛泽东思想的学习。院系调整以后，采用苏联的教学制度、教学计划、教学大纲。1954年根据高等教育部的教学计划，大部分课程都制订了与之相应的教学大纲；精简课程，将有些课程废除，增加学生选课的自由；建立教师互助小组，在教学中集体研究，互相学习，互相批评，提高教学质量。

学校参与全国高校的院系调整为中国教育事业的发展做出了贡献，但在调整中却削弱了自身的力量。学校调整后，虽然名义上是综合性大学，但却失去了综合的意义，实际上变成了文理综合性大学，影响了学科的纵向发展，削弱了大学的综合功能和人才培养的文化底蕴；以俄为师，迅速建立起了社会主义教育体系，但也形成了单一的教育模式；在对教师进行思想改造取得成绩的同时，也暴露了政治化的倾向。

1956年以后高等教育也对苏联的教育模式进行了反思，开始自主探索高等教育的发展规律。1957年，武汉大学设有中国语言文学、俄罗斯语言文字、历史学等12个专业；在校学生为3314人；教职工为1135人，其中专任教师538人。

1958年9月12日，毛泽东来校视察。1960年10月，武汉大学被确定为国家重点高等学校。

1958 年 9 月 12 日，毛泽东视察学校化工厂

至 1965 年，学校实际设有中国语言文学、外国语言文学、历史学、哲学、经济学、图书馆学、数学、物理学、化学、生物学 10 个系。在校学生为 4133 人，其中研究生 37 人，本科生 4096 人；教职工为 1816 人，其中专任教师 726 人，专任教师中，教授 46 人，副教授 37 人，讲师 202 人，教员 8 人，助教 433 人。

从 1957 年起学校还招收了外国留学生，留学生人数从 1957 年的 13 人，发展到 1965 年的 130 人。留学生主要来自越南、朝鲜和美国。

此时的学校教育具有明显的探索性特征，在探索过程中，学校教育的各个方面的工作都取得了进展。在学科建设上，原来被划出去的英语、哲学两个专业得以恢复，完善了人文学科体系；物理学在原有电离层实验室的基础上拓展出了无线电物理学专业。学生规模在逐步扩大，1957 年有学生 3000 余人，到 1965 年达到 4000 余人。科学研究也逐步得以展开，发表了不少学术论文，出版了诸多著作，还展开了一些合作研究，为完善科研体制及途径做出了有益的探索。在学校管理方面也做出了有益的尝试，作为校长的李达在贯彻执行校党委领导下的以校长为首的校务委员会负责制方面做出了许多探讨。

"文革"开始后，大学停止了招生，高中生和初中生无升学出路，于是城市里一批批青年上山下乡，走与工农相结合的道路。而此时的高校老师则下放到五七干校参加劳动，接受改造。至 1970 年 7 月，武汉大学仿效北京大学、清华大学的做法，从有实践经验的工农兵中招收学员入学。1970～1976 年，武汉大学招收了 7 届工农兵学员，共 5500 人。

此时学校在鄂西北襄阳隆中还建立了襄阳分校，将中文、历史、哲学、经济 4 个文科系的全体干部教师调往襄阳分校；还在湖北荆州地区建立起沙洋分校，安排学校的干部、教师轮流进行劳动锻炼。

改革开放时期的武汉大学（1977～1999）

在改革开放初期，化学家查全性院士倡议恢复高考制度的建议被中央采纳，哲学家陶德麟参与真理标准问题的讨论在全国影响巨大。

1981 年 7 月，刘道玉担任校长，在校内推行了一系列教学和管理体制的改革，大力开展与世界著名大学的合作交流，成效显著。

1978年上学期，学校在历史学、数学以及政治经济学专业的77级学生中，开展学分制的试点，不久在全校推行。各个专业的课程大致分为三类：必修课、指定选修课、任意选修课。1979～1981年，先后来校交流实行学分制的情况和经验的兄弟院校将近200所。1992年12月，在总结此前14年经验教训的基础上，实行完全、彻底的学分制。

科教工作座谈会简报

（九）

中国科学院
教育部 编   　　　　　　　一九七七年八月七日

必须立即改进大学招生办法

八月六日下午，武汉大学查全性同志在发言中，分析了当前大学招生中存在的问题，他强烈呼吁采取坚决措施，从今年开始就改进招生办法，切实保证招收新生的质量。

他说，招生是保证大学教育质量的第一关。它的作用，就像工厂原材料的检验一样，不合格的原材料，就不可能生产出合格的产品。当前新生的质量没有保证，其原因：一是中小学的质量不高，二是招生制度有问题。但主要矛盾还是招生制度。不是没有合格的人才可以招收，而是现行制度招不到合格的人才。如果，我们改进了招生制度，

— 1 —

1977年8月，查全性在全国科教座谈会上
首倡恢复高考制度的发言纪要

学分制的推行调动了学生学习的积极性、主动性和创造性，有利于优秀学生尽快地脱颖而出，克服了对学生学习要求"一刀切"的弊端，有利于因材施教。

1982年秋，学校实行导师制，首次聘请了117位教师担任学生导师，此后在各级学生中普遍试行。1986年将导师工作列入教师工作规范，除研究生导师和专职科研教师外，大多数教师都有担任本科生导师的职责。实行导师制，教师结合专业教学对学生进行思想政治教育，可以促使学生缩短从中学到大学的适应期，提高学习效率。

1983年秋，在83级学生中开始实行专业主修、辅修制。学生在校期间，成绩优良的学生可以主修一个专业，辅修一个相近的专业。修满主修专业全部课程的学分和取得辅修专业课程40学分以上者，毕业时就可发给主辅修双专业文凭和主修专业学士学位。

在主辅修基础上又实行了双学位制。学生在修满本专业的学分后可获得一个学士学位，再修满另一个专业的学分后可取得第二个学士学位；另一种是，学生可同时修两个跨学科的专业，达到教学方案规定的要求，毕业时可同时获得两个学士学位。

1985年，在全国率先试行插班生制，即从实践中选拔有一定专长的同志，插班到大学三年级中就读。实行插班生制，在一定程度上革除了"一次高考定终身"的弊端，为自学的优秀青年，开辟了一条新的成才之路。实践证明它对于通过多种形式开发智力，促进高等教育改革，更多、更好地培养符合我国现代化建设需要的合格的专门人才，已收到良好的预期效果。

1978年12月13日《光明日报》对武汉大学实行学分制的报道

武汉大学首届插班生合影（1985年11月）

1984年，学校成为全国首批22所研究生院试点院校之一，研究生教育进入一个规模发展阶段。

系列的教育教学改革，学校迎来了"文革"后的一个快速发展期，武汉大学一度被誉为"高校改革中的深圳"。

继刘道玉之后，任心廉担任校党委书记，齐民友、陶德麟、侯杰昌先后担任校长，他们继续致力于学校的改革发展。

经过严肃而认真的考证,武汉大学的校史起点由1913年的国立武昌高等师范学校追溯到1893年的湖北自强学堂。1993年,学校迎来百年华诞,陶德麟校长在庆典讲话中强调,学校决心以"自强、弘毅、求是、拓新"的校训精神,为在21世纪把武汉大学办成世界一流大学而奋斗。

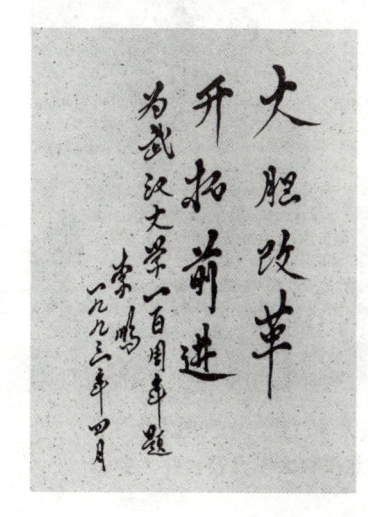

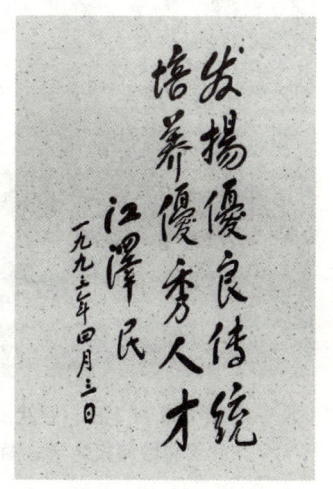

1993年4月,国家主席江泽民、国务院总理李鹏为武汉大学百年校庆题词

"自强、弘毅、求是、拓新"校训中的"自强",语出《周易大传》:"天行健,君子以自强不息","地势坤,君子以厚德载物";"弘毅"的出处前文已述;"求是"语出《汉书》:"修学好古,实事求是";"拓新",意为开拓、创新,不断进取。

1995年11月,学校顺利通过国家"211工程"预审,成为面向21世纪中国重点建设的大学之一。

迈向新世纪的武汉大学（2000～）

2000年8月2日，武汉大学与武汉水利电力大学、武汉测绘科技大学、湖北医科大学合并组建新的武汉大学，开始了武汉大学历史上的第三次大调整。

2000年8月2日，原武汉大学、武汉水利电力大学、武汉测绘科技大学、湖北医科大学召开合并大会

武汉水利电力大学 前身是武汉水利学院，是在武汉大学水利学院的基础上创建的。1954年12月，国务院批准成立武汉水利学院，院长为张如屏；1959年改名为武汉水利电力学院；1960年10月被国务院确定为全国64所重点院校之一；1993年，更名为武汉水利电力大学。1996年，学校通过"211工程"部门预审，进入了国家面向21世纪重点建设的大学行列。1996年，学校与葛洲坝水电工程学院合并，在宜昌设校区。2000年6月，宜昌校区与湖北三峡学院合并组建成三峡大学。2000年8月2日，学校参与合并组建新的武汉大学。武汉水利电力大学是我国水利电力行业中专业最齐全、综合实力最强的国家重点大学。

武汉测绘科技大学 成立于1956年9月，初名武汉测量制图学院，是以当时的同济大学、青岛工学院、天津大学、南京工学院、华南工学院5所院校的测绘专业为基础组建的。1958年12月，经国家测绘总局批准，学校易名为武汉测绘学院；1985年10月，改名为武汉测绘科技大学；1978年2月，被确定为全国重点高等学校。1996年，学校通过"211工程"部门预审，进入了国家面向21世纪重点建设的大学行列；2000年8月，并入新组建的武汉大学。武汉测绘科技大学是测绘学科门类最齐全的国家重点大学。

湖北医科大学 成立于1943年，定名为湖北省立医学院，朱裕璧博士出任院长。1946年2月，学校从恩施迁回武汉。1949年5月16日，人民解放军四野卫生部接管学校，校名更名为湖北省医学院。1950年8月，湖北省人民政府正式任命朱裕璧为湖北省医学院院长。1953年，学校更名为湖北医学院。1954年，学校从武昌两湖书院旧址迁至武昌千家街。1957年，学校从千家街迁至武昌东湖路马王庙；1993年改名为湖北医科大学；2000年8月与武汉大学合并组建成新的武汉大学。湖北医科大学是湖北省唯一创建于新中国成立前并得到延续和发展的医学重点大学。

强强联合后的武汉大学，学科门类更加齐全、办学资源更加充分、师资队伍更加雄厚、研究实力更加强盛、社会影响更加深远。迈入21世纪的武汉大学，作为"高校合并成功的典范"，吹响了奔向世界一流大学的号角。

2001年2月13日，学校正式成为中国"985工程"重点建设院校。

2003年，学校迎来110周年校庆。校长刘经南在讲话中说：在新的世纪，为适应国家全面建设小康社会的需要，学校将抓住21世纪前20年的战略发展机遇，以服务求支持，以贡献求发展，争取到2010年左右，成为以综合性、研究型、国际化为基本特征，拥有雄厚综合办学实力，国内外知名的高水平大学，为国家经济建设和社会发展贡献一大批重大科研成果，培养一大批高级专门人才，使武汉大学成为国家及湖北（武汉）地区培养高级专门人才和解决国民经济建设及社会发展重大理论与实践问题的重要基地，成为中国中部地区最具影响力的学术、科技、文化和教育中心，争取到21世纪中叶，跻身世界公认的一流大学行列。

2003年11月29日，学校举行建校110周年庆典

2013年学校迎来120周年华诞。校长李晓红庄严宣布：站在两个甲子的历史节点，武汉大学人将以匡时济世、奋斗不止的"自强"精神，坚韧刚毅、志向超迈的"弘毅"精神，朴实勤严、追求真理的"求是"精神，锐意进取、勇创一流的"拓新"精神，在实现中华民族伟大复兴的"中国梦"的征程中，努力实现"武大梦"。

2013年，学校举行建校120周年庆祝大会

学校积极增强实力和发展核心竞争力，努力跻身世界强校之林，在服务国家战略、引领社会发展、创新人类文明的历史进程中，具有更大的担当、做出更大的贡献、产生更深远的影响。

经过努力，武汉大学将是山水与建筑交相辉映，科学与人文完美融合之所，将是"美丽中国"的首善之区和世界最美的大学之一，将是大师会聚和学子向往的神圣殿堂，将是探究真理的理想之地，将是拔尖人才成长的沃土。

经过奋斗，武汉大学将始终坚守大学本质，始终充当引领人类文明与社会进步的灯塔，持之以恒地追求至真、至善、至美，并与时俱进、顶天立地、不断超越！

迈向 21 世纪的武汉大学在校党委书记任心廉、顾海良、李健、韩进，校长侯杰昌、刘经南、顾海良、李晓红的先后带领下正信心满怀地向世界一流大学奋进！

2 百廿辉煌——职责与贡献

武汉大学办学 120 年，是中国办学历史最悠久的大学之一，文化底蕴深厚。经过 120 年的建设发展，学校以其坚实的办学基础和卓著的学术声望，成为中国最杰出的大学之一。

120 年来，学校四移校址，终因濒临东湖水，环拥珞珈山，加上气势恢宏的中西合璧的宫殿式建筑，而成为世界上最美丽的大学之一。

120 年来，学校先后与世界上 40 多个国家和地区近 400 余所大学、科研机构建立了合作关系，成为中国最具开放意识的大学之一。

1999 年，世界权威期刊《科学》杂志将武汉大学列为 13 所"中国最杰出的大学"之一。

2011 年，学校进入英国《泰晤士报》世界大学排名 400 强。2015，学校在 QS、US News 等世界权威大学排行榜中升至 250 多名。

中国校友会网 2013 中国大学排行榜中武汉大学位列第九名，2014 年位列第五名，2015 年位列第四名。

百廿的武汉大学历程，是学校人才培养、科学研究、社会服务以及文化传承不断取得进步，逐步走向辉煌的过程。

百廿的武汉大学历程，是为国家培养优质人才的百廿

学校学堂时期培养的是能与国外打交道的实用外语人才，师范时期培养的是德才兼备、国家急需的中学教育师资，国立以后培养的是国家需要的自然基础型、人文社科型、实用技能型的各方面人才。

武汉大学人才培养的质量一直得到社会的认可，早在1948年，英国牛津大学致函确认：武汉大学文、理学毕业生平均成绩在80分以上的，享有牛津之高级生地位。也就是说，世界顶尖大学认可武汉大学的本科教育质量。

百年来，众多英才曾在这里度过人生中最宝贵的青春年华。陈潭秋、罗荣桓、章伯钧、伍修权等曾在这里挑灯夜读；刘西尧、李锐、张培刚、欧阳予、朱九思、萧萐父、刘诗白、谭崇台等曾在这里悬梁刺股。

百廿的办学实践，武汉大学已培养出60多万名高级人才，造就了一大批著名的政治家、军事家、科学家、教育家、文学家、艺术家、企业家。

近几年评选出的杰出校友（1~7届）：

端木正、黄彰任、陆长生、王佛松、钟期荣、欧阳予、庹震；

柯俊、张培刚、方成、黄孝宗、张效祥、陈荣悌、刘诗白、董辅礽、王梓坤、邹节明；

颜泽贤、张明高、江元生、刘先林、范云六、李锐、雷军、李京文、付向东、李方华、于刚、刘家恩、刘西尧、田源、陈东升、李连和、赵耀东、张学知；

学校培养出的首位外国政府总理——哈萨克斯坦总理马西莫夫

陈俊勇、陈善广、陈文蔚、方辉煜、林宗坚、游效曾、王明庥；

胡代光、何炼成、潘垣、张家铝、易中天、熊召政、张晓刚、池莉、卡里姆·马西莫夫；

王小凡、王光谦、史文中、艾路明、李新昭、陈鑫连、杨惠根、胡知宇、喻杉；

毛振华、文龙、朱九思、陶凯元、康绍忠、董欣年、童朝晖。

百廿的武汉大学历程，是为国家奉献科学智慧的百廿

120年的发展，学校不但培育出了法学、哲学、新闻学、图书馆学、情报与档案管理、理论经济学、公共管理、生命科学、水利水电、测绘、遥感、口腔医学等一批全国领先且有国际影响力的学科，而且产出了建立在这些学科之上的科学研究成果。

1896年，湖北自强学堂总办蔡锡勇就撰写出我国第一部速记汉语拼音文字专著——《传音快字》。民国王世杰、周鲠生等开展的法学研究，影响巨大，使武汉大学赢得了"法学之王"的称号。杨端六、刘秉麟、皮宗石、陶因等开展的经济学研究享誉全国。1936~1949年，汤佩松、高尚荫、邬保良、梁百先等在《自然》和《科学》杂志上发表论文8篇。

新中国建立后，在自然和实用科学研究方面比较突出的专家学者：数学研究方面有李国平、齐民友、张远达等，物理学研究方面有桂质廷、梁百先等，化学研究方面有查全性、卓仁禧、张俐娜等，生物学研究方面有高尚荫、杨弘远、朱英国、舒红兵等，测绘科学研究方面有夏坚白、王之卓、陈永龄、宁津生、李德仁、刘经南、张祖勋、龚健雅、李建成等，水电、机械科学研究方面有谢鉴衡、张蔚榛、茆智、夏军、李晓红等，生物药学、医学研究方面有邓子新、朱玉贤。

学校院士们的获奖证书

在人文和社会科学研究方面比较优秀的专家学者：马克思主义哲学、美学研究方面有李达、陶德麟、刘纲纪等，法学研究方面有韩德培、马克昌、李龙、曾令良等，历史研究方面有吴于廑、唐长孺、石泉、冯天瑜、胡德坤等，管理学、经济学研究方面有李崇怀、谭崇台等，图书馆学、情报学研究方面有彭斐章、马费成等，语言文字研究方面有宗福邦等。

宗福邦等完成的《故训汇纂》被誉为五大汉语工具书之一

他们都在自己的学科领域为人类的科学进步，为祖国的经济繁荣、社会的发展做出了突出贡献。

百廿的武汉大学历程，是为社会服务的百廿

到了20世纪，大学的社会服务职能逐渐显现出来并得到发展，大学通过开展成人和继续教育、建立科技园、建立校企联合中心或通过咨询、技术指导、成果转化等形式，直接或间接地为社会服务。

早在民国时期，学校就开展过不少社会服务活动，如1939年为国民政府航空委员会所需的材料进行拉力、压力、冲力等方面的实验研究；1940年为嘉裕电气公司提供技术指导；1941年生物系教授高尚荫以"人工接种"的方式开展在土壤中增加氮素的试验，以改良四川省的土壤结构等，这些工作都在一定程度上满足了社会的需求。

新中国建立后，学校的社会服务工作，前期以培训社会急需的人才为主。改革开放以后，学校的社会服务工作不断地向广度和深度进军，逐步建立起官、产、学、研的服务体系。

学校先后参与了葛洲坝水利枢纽工程、长江三峡工程、黄河治理工程、南水北调工程等，几乎承担了我国绝大部分水利水电工程的研究、论证、建设等工作，为我国水电事业的发展和农业的现代化做出了贡献。

学校参与国家重点工程项目——三峡工程

开发了全数字化测图系统、GPS 数据处理、地理信息系统基础等系列软件，在 GPS 全球卫星定位与导航、南北极科学考察等方面，为祖国的航天、信息安全、交通等事业做出了贡献。

学校还在马协型、红莲型杂交稻、高频地波监测雷达、高性能混合动力电池以及重大传染性疾病防治等方面取得了巨大的社会、经济效益。

人文社会科学充分发挥了"智囊团"和"思想库"的作用，为国家经济建设和社会发展提供了强大的理论保证和智力支持。

百廿的武汉大学历程，是为国家民族传承文化的百廿

武汉大学百廿的文化传承是在大学校长们的理念实践中、在大学精神的凝练中以及学人们的奉献拼搏中逐步完善实现的。

晚清末年，拯救民族、文化复兴成为时代的主旋律，张之洞提出了"中体西用""经世务实""自强图存""三育兼赅"的理念，在华中创办了湖北自强学堂，为近代中国的高等教育及文化的转型奠定了坚实基础。

民国初年，建立新的文化体系、培养新式人才成为时代的要求，国立武昌高等师范学校作为六大高师中的一支，在贺孝齐、张渲、张继煦等校长的领导下，以"朴、诚、勇"的校训精神，砥砺前行，为新的文化的孕育和成长打下坚实的基础。

民国中后期，为适应国家政治、经济及文化建设的需要，王世杰、王星拱、周鲠生等校长提出了"文化中枢"与"一流水准"、"人格训练"与"知识灌输"、学术"出品"与培养"造人"等大学理念。在"明诚、弘毅"的校训精神的激励下，闻一多、陈源、刘博平、朱光潜、苏雪林、杨端六、刘秉麟、吴宓、李国平、高尚荫、桂质廷等名家，秉持学术独立、教育报国，自由民主、兼容并包之理念，为复兴中华文化、融合西方文化做出了重要贡献。

新中国成立后，李达担任武汉大学校长13年。他提出了"马列指导""红专并重"，"教学为主""教研结合"，"培养师资""民主管理"等系列办学理念，为在马克思主义指导下的社会主义新文化建设做出了不可磨灭的贡献。

改革开放以后，刘道玉、齐民友、陶德麟等校长扛起了改革的大旗，提出了"创造教育""教研并重""以生为本""一流目标""综合改革"等大学理念，尤其在改革开放的初期，开改革风气之先，进行了一系列的教育教学改革，武汉大学也因此被誉为"教育改革中的深圳"，为社会主义文化的大繁荣留下了浓墨重彩的一笔。

学校承担的国家重大文化工程
《中华大典·语言文字典·音韵分典》

2000年四校合并，合并后的武汉大学在侯杰昌、刘经南、顾海良和李晓红等校长的带领下，在"和而不同"、"学科、学者、学术、学风、学生"以及"顶天立地"的办学理念指导下，为把学校建设成为"中国特色、世界一流、国际知名"的一流大学而努力奋斗！

3 百廿展望——建一流大学

珞珈山水春常在，百廿黉宇奏新声。

武汉大学，"自强"于19世纪，"弘毅"于20世纪，"拓新"于21世纪。

2013年12月20日，中共武汉大学第八次代表大会胜利召开，书记韩进在大会上做了《凝心聚力谋发展顶天立地谱新篇——为建设中国特色世界一流大学而努力奋斗》的报告，规划了学校未来发展的蓝图。

他说，站在新的历史起点上，武汉大学人一定要牢记历史使命，坚定发展的决心和信心，敢于瞄准和追求世界一流，抢抓机遇，迎接挑战，奋发进取，勇于超越，加快推进建设中国特色世界一流大学的进程，创造无愧于历史和时代的业绩。

根据时代的发展和高等教育的新趋势，学校党委提出了新"三步走"战略：第一步，到2015年，稳固提升学校在中国高等教育第一方阵的位置；第二步，到2020年，初步建成中国特色世界一流大学；第三步，到2043年，即建校150周年时，全面建成中国特色世界一流大学。

为保证"三步走"目标的逐步实现，今后及相当长一段时间，学校要全面贯彻党的十八大和十八届三中、四中、五中全会精神，以科学发展观为指导，以改革创新为动力，全面深化管理体制和运行机制改革，统筹推进内涵发展、特色发展、创新发展、开放发展、共建发展、和谐发展。

大力推进内涵发展，进一步提高综合实力

学校认为，应坚持走内涵建设为主，规模、质量、结构、效益协调发展之路，大力提升人才培养质量，加强学术能力建设，不断增强学校的综合实力。

打造世界一流本科教育和高水平研究生教育，培养具有国际竞争力的拔尖创新人才　学校一向认为不断提高人才培养质量是学校的中心工作，是增强学校综合实力的基础。为此，学校以为人民群众提供更加优质的教育资源、更加公平的教育服务作为出发点，主动适应和积极探索考试招生制度改革，进一步深化本科教育教学改革和研究生培养机制改革。

改革本科教学模式，建立通识教育、专业教育与创业教育相协调的课程体系，完善专业结构与布局；打造优质教育资源平台，为学生自主学习和研究创造更好的条件；着力培养学生的社会责任意识、创新精神、实践能力和健康体魄。建立健全杰出人才培养的特殊机制，实施"拔尖学生培养试验计划"，大力推进"弘毅学堂"建设，建立多种类型的杰出人才培养基地。

进一步深化研究生培养机制改革，加强课程体系建设，健全导师指导规范，改进质量管理与评估系统，大力促进学术能力建设，增强跨学科创新团队建设力度，拓展学术交流与科技创新平台，着力构建科学合理的分类培养体系和质量保障体系，建立稳定的优秀博士学位论文培育和产出机制。

瞄准科学前沿领域和国家发展重大需求，大力增强科学研究能力 学校将坚持鼓励科学探索与服务国家战略相结合，瞄准国际前沿，加大基础研究的深度和广度，进一步加强重大创新平台和创新团队建设，以高水平科学研究支撑高质量人才培养，推进理论创新、技术创新和方法创新。

积极响应经济社会发展的重大需求，主动开展国家急需的战略性研究、科学技术尖端领域的前瞻性研究、涉及国计民生重大问题的公益性研究，进一步提升科学研究对经济社会发展的支撑力和贡献力。全面贯彻落实《高等学校创新能力提升计划》（即"2011计划"），发挥综合优势，整合创新资源，重点建设"国家领土主权与海洋权益""地球空间信息科学"等一批协同创新中心。改革科研体制，建立持续创新的科研组织模式，力争产出一批在国内外具有重大影响的标志性成果。

全面推进人事人才体制机制改革，会聚一流人才队伍 学校将坚持队伍建设与学科建设相结合，将学校宏观调控和学院（系）微观激活相结合，学院（系）目标责任和人才发展评估相结合，高端人才引进和青年教师培养相结合，进一步加强顶层设计，优化资源配置，完善人才"引得进、留得住、用得好、退得出"的体制机制，提升人才队伍核心竞争力。

将以"351人才计划"为基础，统筹国家、地方和学校各级各类人才计划，优化人才资源布局，建立完善层次清晰、衔接紧密的人才计划体系；建立二级单位人才目标责任考核体系。进一步增强"千人计划""长江学者奖励计划"等高层次人才项目的引才、聚才功能,吸引国际一流学者,凝聚优秀创新群体,着力发挥各类人才的作用;坚持引育并举,加强青年学术带头人队伍建设,改善青年教师的工作生活条件。

将全面推进人事人才机制改革创新,探索新型用人机制,完善以岗位设置为核心的聘任制和分类管理制度、以发展性评估和目标考核为核心的评估机制、以人为本的服务和管理机制。统筹规范收入分配体系,稳妥推进绩效工资改革,探索年薪制、团队薪酬、目标薪酬等薪酬机制,建立保障性与竞争性薪酬相结合的收入分配制度。

大力推进特色发展,进一步增强核心竞争力

学校认为,学科是高校综合实力和办学水平的重要载体。建立文理工医并重、各具特色和优势的学科格局,是武汉大学核心竞争力之所在。推进特色发展,重点要找准各学科在本校、本地区、全国乃至世界的定位,找准学校在全国高等教育发展格局中的定位。既要创一流,又要有特色,二者有机结合,推动学校可持续发展。

谋划特色鲜明的学科布局　学校将以优化学科体系为主线,坚持"有所为,有所不为",根据经济社会需求和学科建设质量,调整、淘汰、新建一批学科,进一步控制学科规模,提高优质学科比例。积极探索突破学科间的壁垒,强化学科群建设,相对弱势的学科通过调整研究方向,与优势、特色学科整合,以多学科群体优势推进学科健康快速发展。

完善特色鲜明的学科体系　学校将以提升质量为核心,精心打造一批世界一流学科，重点建设一批引领前沿研究的基础学科，着力支持一批成长型学科向优势学科转型，积极创建一批新兴交叉学科。力争用10年左右的时间，构建起由世界一流学科（群）、国际知名学科（群）、基础学科、优势学科、新兴交叉学科组成的具有鲜明特色的学科体系。

实施特色鲜明的学科建设计划　学校将继续推进"哲学社会科学繁荣发展计划"，全面提升哲学社会科学的国际影响力，强化武汉大学哲学社会科学的特色，进一步形成新优势和新特色。继续实施"基础学科振兴行动计划"，强化基础研究和应用研究。实施"特色学科彰显计划"，彰显测绘遥感、水利电力等工科的特色，积极向主流工科、新型工科拓展，提升工科整体实力。强化医科的集成化发展，争取在学科前沿、关键技术和新兴领域占有主导地位。积极实施"新兴交叉学科培育计划"，推进学科协同发展。

大力推进创新发展，进一步激发办学活力

学校认为，应该全面深化各项改革，在创新管理体制和运行机制上下功夫，不断完善内部治理结构，努力构建充满活力、富有效率、有利于科学发展的体制机制。

构建现代大学制度体系　学校将以制定《武汉大学章程》为契机，加快推进具有武汉大学特色的现代大学制度体系建设。进一步完善学校内部治理结构，不断探索党委领导下的校长负责制的有效实现形式；充分尊重校长的法定职权，支持和保证校长独立负责地开展工作；尊重学者、尊重学术，充分发挥学术委员会、教授委员会等在学术领域的决策、指导和咨询作用；实行民主管理，加强民主监督，推进依法办学，切实维护学校和师生员工的切身利益。

将努力营造有利于学校发展的外部环境，积极创造条件，主动寻求教育主管部门、地方政府、社会各界和广大校友对学校的支持，构建相关各方共同参与办学的现代大学外部关系。

创新管理体制和运行机制　学校将深入推进教学、科研、人事等制度改革，构建相互衔接、全面完备的校院（系）两级管理制度体系。进一步理顺学校和院（系）之间的关系，落实和扩大院（系）办学自主权，逐步实现管理重心下移，进一步强化院（系）职责和权限，增强院（系）自我发展的动力和能力，激发办学活力。

将推进资源配置方式改革，建立以质量和效率为核心的资源配置模式。进一步完善以学术委员会为主体的学术组织架构，推进学术管理重心下移。

大力推进开放发展，进一步提升国际影响力

学校认为，国际化是时代发展的必然要求，是创建一流大学的必由之路。因此，建设中国特色世界一流大学，必须主动适应高等教育国际化的时代潮流，不断提升国际化水平。

推进人才培养国际化　学校将进一步加强与世界一流大学的合作，借鉴和引进国外先进的教学模式、课程体系、教学方法和管理经验，推动学校教育教学改革。实施学生国际交流能力提升计划，大力支持研究生出国访学，到国外攻读博士学位，参加国际学术会议和开展国际合作研究，培养具有国际视野、能参与国际合作和竞争的创新型人才。推进国际化人才培养的双向交流,依法依规开办中外合作办学项目。积极开展中外大学联合培养留学生项目,向留学生开放一流学科专业,真正实现学分互认、学位互授联授;适度扩大留学生规模,调整留学生教育的学科专业、学历层次结构,着力提高留学生生源质量和培养质量。

提高教师国际合作能力 学校将通过系列手段,努力改善教师的学历、学缘结构,注重引进具有世界一流大学学习或工作经历的人才,提升教师队伍的国际化水平。为此,将积极做好"高层次创造型人才计划"出国研修项目教师的选派工作,加大"国家全额资助项目""青年骨干教师出国研修项目"选派力度。健全国家公派、单位(学校)公派和(教师)自费出国"三位一体"的选派模式,有计划地选派教师到国外一流的院校进修或访问,增强青年教师国际合作交流能力。

提升学术国际影响力 学校将充分利用国外优质智力资源,聘请高水平海外专家来校讲学、任教。加强与世界一流大学和科研机构的合作与交流,联合推进高水平科学研究和技术创新。支持、鼓励教师主持或参加高水平国际学术会议;到国际重要学术机构任职;担任国际重要学术期刊编委;在国际学术领域提升影响力,增强话语权。

大力推进共建发展,进一步增强重点领域影响力

学校认为,应该落实好"顶天立地"的发展方略,充分发挥科技优势、文化优势、人才优势,主动服务国家和地方经济、社会发展,全面提高社会服务水平。

服务国家发展战略 学校将面向国家关注的重大领域,实施"珞珈智库锻造计划",新建若干高端合作平台,将校部共建平台建设成为服务于国家战略的重要智力机构;推出《珞珈智库》学刊,打造"珞珈智库"品牌。加强产、学、研合作,努力成为解决国民经济重大科技问题、实现技术转移、促进成果转化的生力军;广泛开展与科研院所、企业和地方的合作,承担协同创新项目,解决经济、社会发展的理论和现实问题;加强国家大学科技园等园区及驻外研究院建设。

服务区域经济社会发展 学校将积极投身地方经济、社会建设,以湖北经济、社会发展的重大需求为导向,积极参与"两圈一带"、"一主两副"、"两区"和"五个湖北"建设,进一步融入武汉"国家中心城市"建设和东湖国家自主创新示范区建设,为促进湖北跨越式发展和实现"建成支点、走在前列"的目标,提供强有力的人才和科技支撑。鼓励教师主动参与湖北重点项目的设计、建设、生产等各个环节,促进科技转化和创新。加强面向中部和湖北发展的研究机构建设,充分发挥智力和人才支持作用。支持附属医院的建设和发展,为社会提供更高水平、更高质量的医疗卫生服务。

弘扬社会主义先进文化 学校将积极主动融入国家文化创新工程,坚持以社会主义核心价值体系引领传统文化的研究、教育和宣传,发挥学科、人才和教育优势,积极传播社会主义主流思想文化,大力培育各类文化人才,提高大学文化的影响力。在推动文化传承创新、提升国家文化软实力、增强中华文化国际影响力、发展和繁荣中国特色社会主义文化的伟大事业中,发出武汉大学的声音,做出积极的贡献。

大力推进和谐发展，进一步提升软实力

学校将坚持和谐发展，牢固树立"办学以教职工为本、育人以学生为本"的理念，努力实现好、维护好、发展好广大师生员工的根本利益；统筹协调好改革与稳定、发展与民生、公平与效益、法治与民主、局部与整体、校内与校外等关系；凝聚以教职工、学生和校友三支队伍为主体的"武汉大学力量"，大力营造人人爱校、兴校、强校的浓厚氛围。

风已正，帆已悬，自强不息、卓尔不群的武汉大学人，必将借百廿华诞之东风，扬帆远航，再创辉煌！

二 武汉大学往事

1 沈祝三亏本修建新校舍

20世纪30年代的武汉大学建筑，到现在都值得人们引以为傲。它奠定了当今武汉大学成为最美丽大学的基础。因此，当人们赞叹这些中西合璧的优美建筑时，沈祝三无疑是不应该被忘记的。

沈祝三（1877~1940），浙江宁波鄞县人，读完私塾后，先后在上海杨瑞泰营造厂、上海协盛营造厂从事建筑工程。1904年，上海协盛营造厂承建汉口太古洋行一号仓库，沈祝三被派往主持施工。

沈祝三

不久他又负责汉口平和打包厂的建设工作,完成两项工程后,他开始筹建自己的营造厂。1908年沈祝三成立了属于自己的营造厂——汉协盛营造厂,开启了他在武汉的辉煌事业。他先后承建了武昌第一纱厂、汇丰银行、汉口总商会、汉口电报局、协和医院、四明银行大楼、武汉大学早期建筑等50余项。

1929年,学校建筑设备委员会(以下简称"建委会")在完成基础工作后,就开始了建筑工程的招标工作。为了确保工程的可靠性,学校没有进行公开招标,而是采取介绍推荐厂商的方式,再经过建筑设备委员会审议合格来确定厂商。

当时候选的厂商有:汉口汉协盛营造厂、汉口康生记营造厂、汉口袁瑞泰营造厂、上海六合公司、上海方瑞记营造厂。以上五家承包商,均有甲等资格,允许参加主要建筑工程的投标。蔡广记、胡道生合记、永茂隆和协昌华记营造厂,四家厂商只有乙等资格,只能参加生活用房及一般教学辅助用房的投标。

汉协盛营造厂,是建委会委员兼秘书叶雅各先生推荐的。他的夫人和汉协盛老板沈祝三的夫人,因为信教而熟悉。上海六合公司、康生记营造厂、胡道生合记营造厂,是监造工程师缪恩钊先生介绍的。袁瑞泰营造厂、协昌华记营造厂、永茂隆营造厂和蔡广记营造厂是学校事务部主任熊国藻先生介绍的。上海方瑞记营造厂,是建筑师开尔斯介绍的。

由于建委会委员长李四光,是中央研究院地质研究所的所长,经常不在武汉,所以开标活动一般都由工学院院长邵逸周先生主持。每一项工程招标,建委会都会先设计好图纸,然后通知有关厂商前来领取图纸并交纳招标押金。待厂商交来应标材料后,建委会召开会议,确定中标厂商。经过招标,第一期建设项目,主要由汉口的沈祝三汉协盛营造厂承建。

选定汉协盛营造厂,是因为它当时在汉口很有名气、很有影响力。同时,它还有自己的砖瓦厂——阜成砖瓦厂,供应材料方便。

第一期建设的主要工程有文学院、理学院、男生寄宿舍、学生饭厅及俱乐部、珞珈山一区十八栋等。

文学院,位于狮子山顶,西临图书馆,东面靠近理学院,南向珞珈山;1930年4月开工,1931年9月竣工;由汉协盛营造厂承建;建筑面积3928平方米,总造价17.68万元。文学院的屋顶采用翘角,寓意文采飞扬。它与法学院大楼相对矗立,是一对姊妹楼,是中国传统文化中"左文右武"的体现。

文学院

文学院占地呈正方形,是四合院回廊式建筑。它除了做文学院办公楼外,还是学校办公的行政楼。20世纪30年代,西迁返校后,直到新中国成立初期,校领导都在此办公。

理学院,坐落于狮子山东部,正面与工学院相望;主楼和前排附楼为第一期工程,由汉协盛营造厂承建;1930年6月开工,1931年11月竣工。

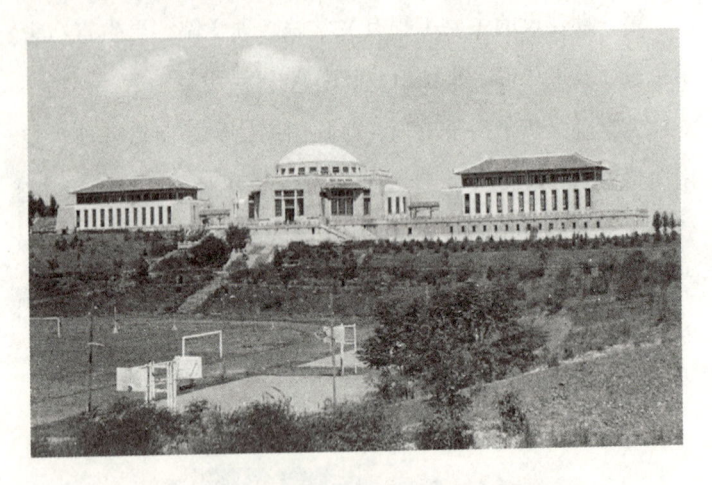

中间具有拜占庭式建筑风格的为理学院主楼

男生寄宿舍,俗称老斋舍,位于图书馆前的狮子山南坡;1930年3月开工,1931年9月竣工;建筑面积13773平方米,工程造价55.09万元,由汉协盛营造厂承建。男生寄宿舍由三座罗马券拱门联为一体,采用"地不平天平"的设计方法,依山而建。每栋宿舍门以《千字文》命名,形成天、地、玄、黄、宇、宙、洪、荒、日、月、盈、昃、辰、宿、列、张十六个斋舍。

男生寄宿舍

　　学生饭厅及俱乐部，位于狮子山顶的西部；1930年8月开工，1931年9月竣工；建筑面积2727平方米，工程造价12.27万元，由汉协盛营造厂承建。该建筑下层是学生饭厅，上层为学生俱乐部。学生俱乐部实际上是当时学校的礼堂，举行过许多重大聚会和学术报告会。1937~1938年，董必武、周恩来等在此进行过抗日宣传演讲。蔡元培、李四光、胡适、蒋介石、李宗仁等中外名人曾在此演讲、做学术报告。

　　珞珈山一区十八栋，即第一教职员住宅区，1930年11月开工建设，由汉协盛营造厂承建，1931年9月竣工，一共修建了18栋错落有序的小洋楼。

　　第一期工程的建筑面积35429平方米，建筑安装工程均于1931年10月全部完成，11月大学事务部会同建筑设备委员会对此进行验收；12月学校开始搬迁校具、图书、仪器。1932

学生饭厅及俱乐部

年2月学校师生员工全部迁往珞珈山新校舍,3月在新校舍开始授课。

文学院二楼为校长室、校长办公室、会客室、秘书处、事务部、注册部、出版部、体育部、教务长办公室等;一、三、四楼为文法两学院的教室。

理学院主楼一楼的三个阶梯教室及二楼为理工两学院的教室,三楼为生物系标本室及数学系模型室。男生宿舍:共9栋,房间有502间。行政办公用房借用房间42间;单身教师每人住一间,借用房间76间;单身职员二人住一间,借用房间37间,共计借用学生宿舍房间155间。男女学生两人间,需要房间307间,以上分配房间共计462间,除满足需要外尚余房间40间。行政用房包括:庶务组、保管组、财务组、体育组、出版组、打字室、缮印室、讲义室、收发室、基建设计室、上海银行等。一区教授住宅有18栋,计28户,基本满足了当时有眷教授的需要。

为了与上海有实力的六合公司等厂商竞标,沈祝三以130余万元的低价中标。当时他因患青光眼病,已经双目失明,但为了按期完成任务,他每天自早至晚,都坐在他的小办公室的桌边接听电话,指挥珞珈山工地上的工人施工。当时工地没有通电,不能使用机械,他就让工人用肩挑、用脚手架、绞车、葫芦等手工设备解决施工中的问题;没有水,他就让人从山下的水塘里挑水上山,存入工程的木桶中。虽然做得辛苦,但他无怨无悔、保质保量地完成了每一项任务。

因漏估开山筑路费用,加之施工过程中建筑材料价格上涨,在工程竣工时,他亏本了24万多元。为了支持学校建设,他没有要求学校补偿亏损,还奉送了事先承诺的水塔、水池建设两项工程。因此,沈祝三无论是作为一位有道义的商人,还是作为武汉大学功臣,都是武汉大学人不应忘记的。

2 筑巢引凤:十八栋别墅的名人印记

著名的珞珈山十八栋别墅群,现在已成为学校的历史文化教育基地,也是人们游览学校的一个必看景点。它曾经是学校筑巢引凤的一个举措。

1928年11月,国立武汉大学决定在东湖珞珈山一带开辟新校区。为吸引专家学者,学校决定在珞珈山的东南边修建十八栋别墅,也叫第一教职员住宅区(简称"一区")。这里背山临湖,风景秀丽,冬暖夏凉,是居家的理想之所。十八栋别墅于1930年11月开工建设,1931年下半年完工,由汉口有名的汉协盛营造厂承建。

别墅建好以后,还真引来不少"凤凰"。当时能够有幸住在十八栋的一般是校长、教务长、院长、系主任和知名教授。

20世纪30年代十八栋别墅全景

十八栋别墅从下往上看,以"之"字形状,由西南向东北排列成三排。第一至七栋为第一排,第八至十四栋为第二排,第十五至二十一栋为第三排。在第一排和第二排之间,有一条可行驶车辆的山路,当时叫半山南路。最初修建的是十八栋,后来因教授增多,又增修了几栋,习惯使然仍称十八栋。

第一栋,单独一栋,曾经住过经济学家、部聘教授杨端六和女作家、翻译家袁昌英。

第二栋,双栋联体,曾经住过法学教授朱祖晦,政治学教授刘迺诚,文学教授刘永济,文学院院长、教授陈源及夫人凌叔华。

第三栋，单独一栋，曾经住过理学院院长、教授查谦和物理学家桂质廷。

第四栋，双栋联体，曾经住过哲学家范寿康、经济学家陶因、政治学家刘迺诚、植物学家钟心煊等人。

第五栋，双栋联体，曾经住过机械工程专家郭霖和法学家蒋思道。

第六栋，双栋联体，曾经住过土木工程学家缪恩钊，哲学家、哲学教育系主任高翰。

第七栋，双栋联体，曾经住过化学家陶延桥，英语语言文学专家、翻译家李儒勉。

第八栋，单独一栋，曾经住过教育家、化学家、哲学家、校长王星拱，教育家、法学院院长、经济学系主任、教务长、图书馆馆长、法律学系主任皮宗石，数学系教授刘正经。

第九栋，双栋联体，曾经住过物理学家、教育家、理学院院长、物理系主任查谦，桥梁专家余炽昌，数学家吴维清和古典文学研究专家席鲁思。

第十栋，双栋联体，曾经住过植物生理学家，中央研究院、中国科学院院士，中国植物生理学的奠基人之一汤佩松，英语语言文学专家、翻译家方重，化学家陈鼎铭，历史学家、中国世界史学科的奠基人之一吴于廑，经济学家、部聘教授刘秉麟和理学院院长、教授查谦。

第十一栋，单独一栋，曾经住过法学家、教育家，中央研究院院士、校长周鲠生，经济学家、部聘教授刘秉麟。

第十二栋，双栋联体，曾经住过古典文学研究专家、诗人徐天闵，政治学教授张有桐，历史学家方壮猷。

第十三栋，单独一栋，曾经住过林学家、农学院院长叶雅各。

第十四栋，单独一栋，曾经住过矿冶学家、工学院院长邵逸周。

第十五栋，单独一栋，曾经住过病毒学家、中国科学院院士高尚荫，经济学家朱祖晦，文学评论家、翻译家陈源及夫人凌叔华（著名作家、画家），物理学家、教育家、我国电离层物理学的奠基人之一桂质廷。

第十六栋，单独一栋，曾经住过皮宗石，法学家、注册部、出版部主任葛扬焕。

第十七栋，单独一栋，曾经住过杨端六、袁昌英夫妇，外籍老师，微生物学家、教育家、中国科学院院士陈华癸及夫人周如松（周鲠生之女，著名金属物理学家）。

第十八栋，单独一栋，曾经住过法学家、中央研究院院士、校长王世杰，校长王星拱和校长周鲠生。

第十九栋，双栋联体；第二十栋，双栋联体。两栋曾经住过数学家、毛泽东小学同学汤璪真，化学家、化学系主任黄叔寅，古典文学专家、文学院院长、国家一级教授刘永济等。

第二十一栋，双栋联体，曾经住过物理学家许宗岳。

居住在十八栋，生活十分优越。附近有消费合作社，有自备电厂和自备水厂，山下有附属小学。闲暇之余可在半山南路上散步，周围林木森森、曲径通幽、鸟语花香。十八栋被郭沫若称为"物外桃源"，吴宓先生曾经因不能入住十八栋而耿耿于怀。1946年，著名文学评论家、部聘教授吴宓来到武汉大学，任文学院外文系教授兼系主任。以他的身份、地位，觉得居住十八栋毫无疑问，而他却偏偏被分在第二教职员住宅区（简称"二区"）。为此，他有好长一段时间闷闷不乐。他在日记中写道："夫宓在武大，不能与一区仙山楼阁（指十八栋）同处共乐"。可见，十八栋当时在教授们心中的分量。

十八栋在武汉沦陷前，曾经是国共两党要员活动的基地。国民政府军事委员会政治部副主任周恩来和夫人邓颖超、政治部第三厅厅长郭沫若和夫人于立群、政治部副主任黄琪翔等都在此办公和居住过。

1938年10月25日，武汉沦陷，日军把珞珈山校舍变成了司令部，十八栋成为日军高级军官住所。半山南路上停的是日军的一辆辆坦克。八年的珞珈山记载的是一段令人心酸、不堪回首的历史。

抗战胜利后，学校迁回珞珈山，十八栋重新成为教授们的住所。新中国成立后，十八栋仍旧是教授们的寓所。"文革"开始后，十八栋结束了作为教授们"物外桃源"的历史。十八栋也渐渐淡出了人们的视野。

进入21世纪以后，对十八栋重新进行了翻修，大部分成为文科的科研院所，也被开辟成为学校的历史文化教育基地。2001年6月，十八栋中的"周恩来故居""郭沫若故居"与其他早期建筑，被国务院列为第五批国家重点文物保护单位。

2011年，武汉大学制定了《早期建筑保护规划》，并拨出专项经费，分批对十八栋的早期建筑进行整体维修。如今，经过翻修后的十八栋别墅群修旧如旧，再现她昔日的风采。

3 李四光与武汉大学的不解情缘

国立武汉大学建筑设备委员会委员长李四光

作为一名著名的科学家、地质学家、教育家和社会活动家，李四光一生奔波劳苦，致力于教育和学术，给世人留下了享用无尽的精神财富。他一生奔忙却不忘家乡教育事业的发展，20世纪30年代由他主持兴建的武汉大学珞珈山新校区，便饱含着他的教育救国理想。1928年7月，中华民国大学院院长签发院令，任命李四光为国立武汉大学新校筹备委员会委员，不久又被委任为新校舍建筑设备委员会委员长。李四光怀揣着梦想，背负着重托，从南京来到武汉。

建立国立武汉大学是蔡元培推行大学区建设的方案之一，他认为在中部建立一所国立大学有助于中部地区的高等教育事业的发展。于是国民政府决定改组原有的武昌中山大学，组建国立武汉大学。然而，当李四光在沧桑威武的黄鹤楼俯瞰这所位于蛇山脚下面积仅40余亩的校园时，不由想起了自己曾经就读的伯明翰大学校园宽阔敞亮、环境优雅，他决定另建新校。

到何处寻找新校舍？他认为，大学应该有山有水、动静相宜、能启迪人的灵性。学农出身的叶雅各教授建议将校园建在山水相连、风景如画的东湖之滨。经过实地考察，李四光欣喜地发现这里实乃办学的好去处。于是，在1928年11月这个天高气爽的深秋，学校建筑设备委员会正式确定武昌东湖珞珈山一带为国立武汉大学的新校址。

为了在这个湖光山色、风景如画的地方建设一座别具一格的新校园，李四光请熟谙中国工程技术的美国工程师开尔斯来进行规划设计。开尔斯先生果然不负众望，他以中国传统建筑的精华——北京故宫为蓝本，根据中国传统建筑的"轴线对称、主次有序、中央殿堂、四隅崇楼"的原则，巧妙地利用了珞珈山、狮子山一带的地形，历经一载有余，终于完成了武汉大学新校舍的设计工作。今天巍峨耸立在珞珈山下、东湖之滨，古朴庄重、轩昂瑰丽的珞珈山传统建筑群，离不开聪明的开尔斯先生的精心设计。

然而一路走来，却非一帆风顺，武汉大学的兴建历程阻碍重重、枝节横生。李四光等武汉大学的创立者为此真可谓筚路蓝缕、艰难创业。为使新校舍能够早日划定红线范围，李四光曾不止一次地骑着毛驴在珞珈山奔走。当1929年8月15日省政府正式发出公告，确定学校3000余亩的土地范围时，他的脸上第一次露出了舒心的微笑。当校舍建设实质性推进的时候，校区内的坟墓迁移成了他又一头疼之事。中国传统的民间风俗，认为迁徙坟墓祸及祖先，因而当地百姓坚决反对迁坟修路。他和王世杰、熊国藻等人为此多方奔走调停，此事才渐渐平息，修路才得以进行。修路完工后，筹集巨额资金成为下一个亟待解决的问题，于是他又为落实建校经费而四处奔波。他通过与国民党武汉政治分会主席李宗仁的关系，向湖北省财政厅长张难先支取20万元的建校经费，学校建设先期工程得以动工。后经过他及王世杰校长的多方走动，申请的建校经费150万元才全部到位。

1930年1月承包厂商开始就工备材，照图建筑，武汉大学的学生也利用节假日到新校舍参加筑路、植树等工作。珞珈山下，每天都是一派热火朝天的场面。1932年元旦，珞珈山新校舍第一期工程竣工，耗资170万元；3月，武汉大学师生们满怀喜悦地告别东厂口迁到新校园。

1932年5月26日，武汉大学隆重地举行了新校舍落成典礼。李四光作为建校功臣及政府的代表对此表示祝贺，并与蔡元培、任鸿隽、刘树杞为武汉大学师生做了学术讲座。

5月27日，当他演讲完毕，从学生大礼堂出来时，他被一群老师和学生团团围住。正在纳闷之时，一名学生拿着纸和笔墨走了上来，他一下明白了，原来是毕业纪念刊的编辑同志们，要求他为纪念刊题词。看到同志们期待的眼神，他高兴地拿起笔墨，写下了两行大字："用创造的精神和科学的方法求人生的出路"。从此以后，他的"创造的精神和科学的方法"一直在激励珞珈山人不断地博学慎思而笃行。

当年的毕业生共有46人。题词完后，他在珞珈山对面的狮子山顶上看了看落成的新校区，当他看到昔日这片荒山野岭，经过短短两年的建设，一栋栋美轮美奂的建筑拔地而起，不禁百感交集。

李四光先生给我们留下的庄重典雅、造型瑰丽的校舍建筑群，让武汉大学赢得了"最美丽的大学校园"之美誉；而在新校建设过程中他所展现的艰苦创业、迎难而上的精神风貌亦鼓舞和引导着新一代的武汉大学人开拓进取,为把武汉大学建成世界一流大学而努力奋斗。

漫步校园,睹物思人,先生之泽远矣!

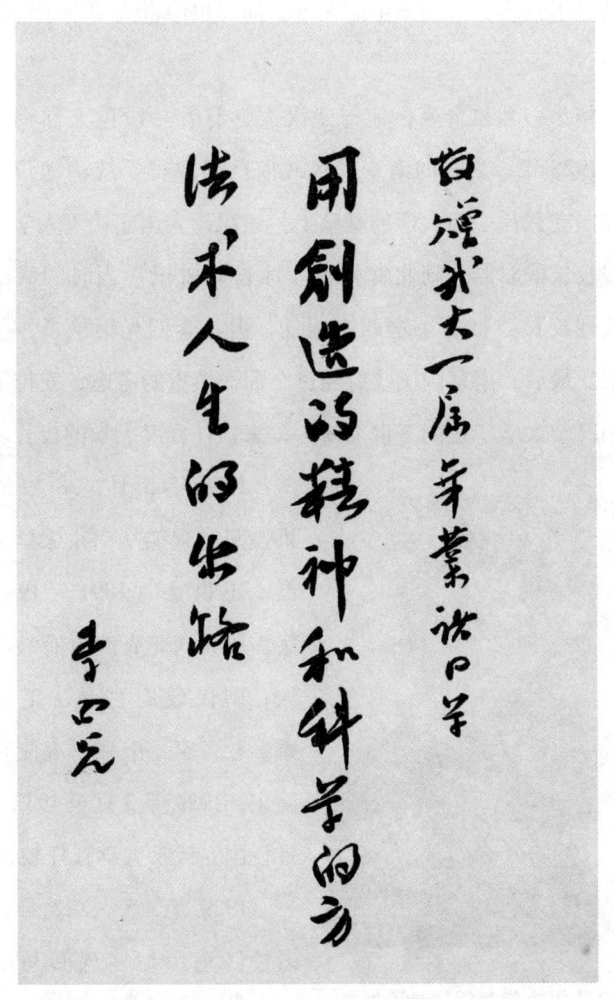

1932年李四光为国立武汉大学第一届本科毕业纪念刊题词

4 首任校长王世杰的珞珈情

20世纪的民国初期是一个多事之秋，政要王世杰在这个时期做了许多关乎他人生的大事，同时也给世人留下了深刻的印象。

作为一名教育家，他与武汉大学有着一段世人称赞的佳话。1928年，当时的南京国民政府已经取得了统治地位，决定在国立武昌中山大学的基础上，组织建立国立武汉大学。在选拔校长的时候，湖北省教育厅厅长刘树杞（当时的武汉大学代理校长）推荐了李四光担任，但是李四光拒绝了，坚辞不就。最后，南京国民政府经过全面而慎重的考虑，安排了在法国巴黎大学毕业的王世杰博士，来担任武汉大学的校长。

1929年5月，38岁的王世杰只身乘船从南京来到了武昌。王世杰（1891~1981），字雪艇，湖北省武昌府崇阳县人；国民政府官员、宪法学家、教育家，中央研究院首批院士；1929年3月至1933年4月任国立武汉大学首任校长。

1929年，5月22日，在老校区东厂口（现阅马场东边），王世杰发表了就职演讲：

国立武汉大学首任校长王世杰

"武汉大学要么不办，要办就办一所有崇高理想，具有一流水准的大学。因为，武汉市地处九省之中央，在武汉这样的大都市里，应当办一所有六个学院——文、法、理、工、农、医，规模宏大的大学，到时候如果条件许可的话，再继续增设其他学院，计划十年以后，学生的人数达到万人。"为了实现这个宏大的理想，他提出了五个必须满足的条件，即"宽广的校园"、"先进的设备"、"充足的经费"、"优秀的教师"和"严明的纪律"。

然而，现有的条件是不足以支撑这个理想的。东厂口面积只有40余亩，这样小的面积，显然无法创办一所规模可达万人、一流水准的大学。经过李四光和叶雅各的勘察，最后决定了在珞珈山一带建设新的校区。

为了早日建成理想中的大学，加快新校区的建设，王世杰校长亲力亲为。1929年6月，他邀请了省政府有关人员到珞珈山现场去考察。考察后，他们发现在这里建校是一个十分明智、科学的决定，因为这里不但风景优美、依山傍水，而且山石林立，耕地比较少，不会耽误农桑。同时这里就在城区附近，校园浓郁的学习氛围可以感化居民，利于文明建设。考察完后，王世杰校长多次请求省政府尽快地予以法律确认。依照中央颁布的土地征收法，经湖北省政府第17次政务会议决议通过，1929年8月15日，湖北省政府兼代主席方本仁发布了公告（府第2726号），对武汉大学征收的土地，圈定了红线范围：东以东湖滨为界，西以茶叶港为界，北以郭郑湖为界，南面自东湖滨至茶叶港桥头上，总面积3063.9亩。

新校区虽然得到了政府的同意，但王世杰仍然觉得有些问题亟待解决。

1927年，武汉国民政府成立武汉市，武昌城成为湖北省的省府所在地，然而当时的道路建设十分不健全，办公大多都在沿江一带。往东只有一条经过宝通寺、街口头向关山方向的路。新规划的武汉大学校区在街口头往北的珞珈山，而其间大约两公里的距离是没有马路的。因此，必须在街口头修建一条通往珞珈山的马路。

为了修建这条马路，王世杰令叶雅各等人与省民政厅、建设厅和教育厅三方联合进行考察，确定了从街口头经刘家湾、明家湾、杨家湾、陈家湾到达学校的修路方案。1929年10月14日，武昌市工程处通过招标，确定协和公司中标，造价6010.8元。湖北省建设厅承担三分之一的费用，剩下的三分之二则由武汉大学承担。然而事情的进展并不都是一帆风顺的，正当修路如火如荼地进行，发生了迁坟风波，修路工作因此一度停了下来。

三千余亩的校区内，珞珈山、狮子山的山南、山北及周边一带都有坟墓存在。有不少坟墓需要迁移，这就触动了不少当地人的痛处。1929年10月，不少当地人给省政府去函，要求暂缓开发珞珈山；11月，以陈云五为代表的居民再次去信省政府，言辞非常激烈，甚至诬蔑王世杰校长"虚糜国帑"，明确要求王校长"另择校址"，还列出了王校长在此建校的八条"罪状"。

面对陈云五等人的阻挠，王世杰据理力争，在给省政府的公函中驳斥了陈云五等人的所谓八条"罪状"。同时，他主持召开了学校大会，讨论解决的办法。最后以全体教职员工的名义，写信给南京国民政府行政院院长谭延闿、教育部部长蒋梦麟，要求依法严惩豪绅陈云五，以维护教育。收到王世杰的来信，经过磋商，行政院于11月18日给湖北省政府发布第4087号训令：要求湖北省政府"剀切晓谕，勿任阻挠"。至此，迁坟风波平息了，此后，修路得以继续进行。1930年1月，修路完工，王世杰校长将该路命名为"大学路"。

一所学校的建设，经费是至关重要的。依据学校的建设规划，建筑筹备委员会预算了建设学校所需要的经费，其中建筑经费100万元，设备经费50万元，共计150万元。这在当时来说是一笔大数目，所以，为了能筹到这笔经费，王世杰几经周折，奔走忙碌。学校在开办初期，通过李四光与国民党武汉政治分会主任李宗仁的沟通，湖北省财政厅厅长张难先先行拨付了20万元。张先生虽然对学校建设十分的热心，但对建校规模没有概念。因为给的钱太少，20万元对于150万元来说，资金缺口太大了。

经过王世杰的努力，1929年，终于在国民党中央政治会议上讨论通过了一个方案，决定拨给学校建设费150万元。中央与省政府各出一半，即各筹款75万元。为了尽快地筹到这笔钱，王校长不辞劳苦，亲赴上海去见财政部长宋子文，请他照案拨款。事先约定好了下午五时会谈，王校长一直等到七点钟才见面。其时宋子文已准备离去，仓促间宋子文仅站立与王校长谈论了片刻，道："目前中央方面，一个钱都没有。"宋的态度非常冷漠。建校之路困难重重，但是王世杰没有放弃，不久，王校长再度赴南京，求见行政院院长谭延闿（湖南人），动之以情、晓之以理，向他说明：学校将来对湖南子弟有巨大的影响，而现在筹款却非常困难。谭院长听后，立即热忱地说："你放心，此事全部交给我办好了。"果然，不久后，宋子文即答应每月筹款 5 万元，分 15 个月付清。至此，解决了 75 万元经费的难题。次年，谭院长因脑溢血中风去世，国葬于中山陵。为感激谭院长的恩德，王校长每次到南京去，都到谭院长的坟上祭拜，并到成贤街去探望他的夫人。

  王校长返回武昌后，又去省政府筹集另一半的费用。于是，王校长决定找何成濬主席（湖北省政府主席兼武汉行营主任）。见面后他坚定地对何主席说："我是一介书生，本无勇气来创办这所规模宏大的大学。如果一定要我办的话，省政府方面，必须遵案筹款，一文钱都不可少，一天也不可拖延。"何主席听后，立刻找来财政厅厅长童贯时，吩咐按月支付 5 万元给学校。何主席对财政厅厅长说："无论省政府经费如何困难，此款必须优先筹措。"此后 75 万元，也分 15 个月拨清。何成濬主席对学校建设的热心，王校长终身为之感激。

  经费到位后，怎么规划设计校园，是王世杰不得不认真考虑的问题。为此，他派叶雅各代表学校专程赴上海寻找人员。经人介绍，叶雅各找到了当时在上海的美国建筑师开尔斯（F. H. Kales）先生。开尔斯毕业于麻省理工学院建筑专业，对中国建筑颇有研究。经过交谈，开尔斯表示非常乐意办理此事。由于开尔斯先生年逾花甲，为了让开尔斯先生到武汉查看校园，细心的王世杰特批让叶雅各花费500元，租用一架飞机将开尔斯先生接到武汉。经过实地察看，开尔斯先生对珞珈山地形极为赞赏，并亲自负责建筑设计工作。根据总体的设计思路，设计建设文、法、理、工、农、医六大学院。外观造型采取中国传统的风格，即宫殿式。施工建筑要求实用、坚固、经济和美观。

整个工程从1930年开始建造到1937年完工，大体分为两个阶段。王世杰负责1933年以前第一个时段的建设，也称为第一期工程，其中包括文学院、理学院、男生宿舍、学生餐厅及俱乐部、珞珈山一区十八栋等。经过王世杰、全体师生和政府两年的共同努力，美轮美奂的武汉大学终于屹立在风景如画的珞珈山旁、碧波荡漾的东湖边。

1933年5月1日，怀着深深的不舍之情，王世杰离开了武汉大学，8日赴南京就任教育部部长。他在离别的讲话中表达了依依不舍的离别之情和对武汉大学寄予的厚望："无论现在或将来，无论兄弟在校或不在校，对于四五年来我们百余名教职员工与数万名学生共同扶持与共同爱护的这所大学，必须继续地努力。本校今后的一切发展，兄弟闻之固然要引以为愉快；本校今后如果遇有任何艰难困苦，我认为是离校者与在校同仁应当共同承担的责任。祝武汉大学前途无量！"

此后，王世杰再也没担任过学校的任何职务，但珞珈山常常萦绕在他心中。

带着对武汉大学的思念，1937年12月1日，王世杰从长沙来到武昌，当晚就留宿在珞珈山。1938年1月8日下午，他携段书怡一同参观学校的第二批建筑：理学院的配楼、工学部及宋卿体育馆。当他得知图书仪器因为抗战已沿江西上时，心中黯然神伤。3月24日，他与李四光一起渡江，赴珞珈山。当时校园中桃花盛开，鲜艳无比，仅有四年级学生在上课，其余正在往四川乐山（即嘉定）迁徙，如此美好的校园，这个承载了他理想的地方，如今却因为战争导致这么多学生不能在这片美好的土地上放飞自己的梦想，这使他的心情十分沉重。

尽管已经离开了武汉大学，王世杰对于武汉大学的建设与发展仍旧十分关心。1939年3月2日，王世杰还建议王星拱校长加强对校纪校风的整顿。同年5月15日，王世杰致电王星拱校长，建议其要加强对各院长及教务长的信任，努力地改进学校的工作。

1946年4月14日，王世杰会晤周鲠生校长，商谈武汉大学复兴事业。1947年6月1日，学校发生了"六一惨案"，武汉警备司令部派兵搜捕武汉大学学生、教员，并枪杀了三名学生。在这个紧要关头，6月3日，王世杰奋起而保护学生和教员，一再催促教育部长朱家骅及行政院长张群，释放学生及教员，并严惩凶手。

1964年3月20日，王世杰宴请部分武汉大学在台的校友，商量讨论在台湾复校，或者创办私立珞珈工商专科学校。为此，王世杰老校长捐款5万元，随后又追加了5000元。虽然武汉大学最终没有在台湾复校，珞珈工商专科学校也未能如愿成立，但老校长和诸校友的热心一直在推动着教育事业的发展。

在台湾，他刻有一方名为"东湖长"的图章，这个带着鲜明的武汉大学印记的图章，时常印在他自己所收藏的珍贵字画上。此外，他生前还明确表示要将珍藏的70余件名人字画捐赠给武汉大学。这些字画分别出自南朝梁武帝，宋代苏轼、黄庭坚、米芾、朱熹，元代黄公望，明代唐伯虎、文徵明、王守仁，清代刘墉等名家手笔，由王世杰先生的夫人萧德华女士亲手缝制画轴外之锦囊、册页手卷之锦袱，目前暂存台北"故宫博物院"。

王世杰在临终前留下遗嘱，效仿美国第三任总统杰斐逊墓碑上只刻写"弗吉尼亚大学创办者"的先例，要求在他的墓碑上只刻写"前国立武汉大学校长王雪艇之墓"。王世杰长期身居高位，然而心中最看重的，还是出任武汉大学校长的经历，从这里我们可以看到武汉大学在他心中的分量与地位。

1981年4月21日，王世杰在台北市逝世，享年91岁。

2003年，武汉大学110周年校庆之际，王世杰塑像在樱顶揭幕，高大的银杏树下，老校长安静地注视着前方，一边是整个校园的核心殿堂——老图书馆，一边是他曾经办公的地方——法学院的旧址。他以永恒的姿态回到故乡湖北，回到魂牵梦绕的武汉大学，回到他念念不忘的东湖。

东湖水，珞珈情。武汉大学难忘王世杰先生对学校的情谊，感谢老校长对学校的贡献与深情。

国立武汉大学首任校长王世杰（右）与
继任校长王星拱在珞珈山上的合影

5 20世纪30年代的"法学院之王"

1928年组建的国立武汉大学，经过王世杰、王星拱两位校长的不懈努力，到1937年已经名声大震，曾经一度被称为"民国五大名校"。当时已经建立起文、法、理、工、农五大学院，法学院因有一批一流的学者，而享誉国内外。当时，交通大学的"工学院"，北京大学的"文学院"，清华大学的"理学院"，金陵大学的"农学院"以及武汉大学的"法学院"，被称为大学中的"学院之王"。

1936年落成的法学院大楼

武汉大学的法学院是国内最有地位者之一，一度被称为"法学院之王"，这与学院有一批一流学者不无关系。

武汉大学法学院的前身是社会科学院，成立于1928年9月，1929年改名为法学院。20世纪30年代，皮宗石（1929~1932）、杨端六（1933~1936）、刘秉麟（1937~1938）先后任院长。首任院长皮宗石是研究财政学的经济学家，湖南人，早年留学日本，后转赴英国伦敦大学攻读经济学。学成后皮宗石应蔡元培的邀请到北京大学任教授兼图书馆馆长，与王世杰、周鲠生等是北京大学法学院的台柱教授。1928年，皮宗石到武汉大学任教授兼社会科学院院长，后又任法学院院长、教务长。1936年皮宗石回湘担任湖南大学校长。

法学院的第二任院长是著名的货币金融学家杨端六，湖南长沙人，留学英国，专攻货币银行学，教育部部聘教授。1920年，杨端六回国到上海商务印书馆工作，担任会计科长。1928年，中央研究院社会科学研究所成立，他出任所长并任研究员。1930年5月他被聘为武汉大学法学院经济系教授，讲授货币与银行、会计学、企业管理学等；1932～1936年担任法学院院长。他一生著述甚丰，其主要著作有《商业管理》《六十五年来中国贸易统计》《货币与银行》《清代货币金融史稿》等。

法学院的第三任院长刘秉麟，生于湖南长沙，教育部部聘教授，是著名财政学家，毕业于英国伦敦大学经济学院研究生班、德国柏林大学经济系研究员班。1932年刘秉麟任学校经济系教授，1937年任法学院院长，后担任过代理校长。他出版的书籍有《各国社会运动史》《世界各国无产阶级政党史》《李嘉图经济学说及传记》《亚当·斯密经济学说及传记》《李士特经济学说及传记》等。

法学院成立时下设法律学、政治经济学和商学三系。1930年政治经济学系分立为政治学和经济学两系，1932年商学系停办。从1932年至1952年，法学院一直下设法律学、经济学和政治学三系。

法律学的系主任，先后为燕树棠（1930）、王世杰（1930～1931）、皮宗石（1932～1933）、周鲠生（1943～1938）。燕树棠是著名国际法学家，留学美国，获耶鲁大学法学博士学位；回国后任北京大学法学院教授，1928年到武汉大学任法学院教授，后又任北京大学法学院教授、西南联大法律系主任，1948年任国民政府司法院大法官，后又第二次回武汉大学任教直到去世。当时法律系的教授还有吴歧、吴学义、胡元义、陶天南、蒋思道、刘经旺、葛扬焕等。

经济系的主任先后为皮宗石（1930~1931）、任凯南（1932~1936）、陶因（1937~1938）。

任凯南，字拱辰，湖南湘阴（今汨罗市）人；近代著名教育家、经济学家；曾官费留学日本，入早稻田大学，后官费留学英国，入英国伦敦大学政治经济学院，获博士学位。来武汉大学前他曾任省立湖南大学经济学教授；1928年8月，为国立武汉大学筹备委员会委员；1932年10月，出任武汉大学经济系主任；1935年兼任武汉大学法科研究所经济学科主任；1937年7月，回改建后的湖南大学，任教务长兼经济系主任。他一生精研西洋经济史和西洋经济思想史，融汇中西，成一家之言，在武汉大学时期，其声名远播，被经济学界誉为南任（凯南）北马（寅初）。

陶因（1894~1952），字環中，安徽舒城人；毕业于日本帝国大学，后又在德国获得法兰克福大学经济学博士学位。1928年，陶因任广东中山大学教授；1929年到安徽大学任教，担任法学院院长；1930年9月被聘为武汉大学经济学系的教授；1936年被任命为经济学系主任；1946年年初，教育部决定重建安徽大学，他被任命为安徽大学校长。陶因也是我国经济学泰斗之一,有"南陶北马(马寅初)"之说。他的主要著作有《经济学史》《经济学大纲》等。

继陶因之后经济学系的主任是张培刚。当时经济学系的教授有刘秉麟、陶因、杨端六、朱祖晦、戴铭巽、伍启元、韦从序、钟兆璿等。

政治学系的主任先后为周鲠生(1930~1934)、时昭瀛(1935)、刘迺诚(1936~1938)。

时昭瀛(1901~1956),湖北枝江人,外交家,汉学家;清华大学政治系毕业,后留学英国明尼苏达大学获学士学位,此后,又赴美国哈佛大学研究院学习,获硕士学位。回国后,时昭瀛任《中央日报(英文)》总编辑、中央大学外语系副教授、国立武汉大学法学院教授等职,曾为蒋介石讲述国际法纲要,担任过中华民国外交部次长;著有《近世中国外交史》《中国外交史研究》等。

刘迺诚,号笃生,安徽巢县人;伦敦大学博士,柏林市政学院卒业,柏林大学巴黎大学研究员;1932年9月到武汉大学任教;其《比较政治制度(英法美)》(上卷)、《比较政治制度(德俄意)》(中卷)及《比较市政学》(上卷)等著作,都是当时影响很大且有分量的专著。

政治学系的教授有刘迺诚、周鲠生、樊德芬、张有桐、邵循恪、鲍必荣、吴之椿等。

1952年全国高校院系调整后,学院的建制被撤销,法学院不复存在。20世纪80年代初,学校又恢复了法学院,但经济学、政治学等学科不再隶属于法学院。

此时，法学院之所以有"学院之王"的美名，一方面与上面一批响当当的学人有关，另一方面与这批学人都有享誉海内外的学术成果有关。在宪法研究领域，王世杰是被公认的比较有权威的学者，其《比较宪法》是当时高校法学专业必用的大学教材。周鲠生的《国际法》是世界国际法学中自成一派的法学著作，在我国的国际法学界具有权威地位，也是当时解决国际争端必看的理论指导书。刘迺诚是当时政治学界一名耳熟能详的人物，他的《比较政治制度》（上、中、下卷）可以说是一套鸿篇巨制，通过对英、法、美、德、俄、意等主要资本主义国家政治制度的比较，为当时的政治建设提供理论借鉴，也是高校政治学专业的重要参考书。

经济学领域，名家繁多。杨端六、刘秉麟、任凯南、陶因等都是该领域红遍中国的人物。

如经济学教授杨端六，不仅著作多，而且关于中国金融、币制和税制等方面研究的论文也颇丰，深受国内外同行学者的好评。他的《六十五年来中国贸易统计》一书，成为中国第一部国际贸易资料集，填补了当时中国对外贸易研究的空白，成为重要的外贸参考书和宏观管理外贸的依据，至今仍受到重视。他的著作《货币与银行》于1930年在商务印书馆出版后，一直被作为大学的教科书，还被列为商务印书馆的"大学丛书"再版多次，40年代大多数大学经济系都用它作为教材。他第一次把现代会计原理和商业活动有必要采用的现代会计方法介绍给中国商界，被称为中国商业会计学的奠基人。他编写的《工商组织与管理》教材，不是专门谈科学管理的著作,而是全面介绍了工商企业的组织与管理。因此,有人评价杨端六是20世纪上半叶中国管理科学化的重要先驱者之一。

6 周恩来在武汉大学的抗战活动

在第二次国共合作期间,武汉大学的珞珈山上风云际会,出现了一大批从事爱国民主革命运动的仁人志士,周恩来、董必武、郭沫若等人都曾在这里指点江山,他们将革命传统留在了珞珈山上。

1937年7月7日,"卢沟桥事变"爆发,全国性的抗战开始。蒋介石被迫接受了共产党提交的《国共合作宣言》,国共两党开始了第二次合作。此时的珞珈山成为共产党开展抗日救亡的重要阵地。

悠悠珞珈山,滔滔东湖水,留下了周恩来等老一辈革命者不绝的声音和无垠的足迹。1938年2月,国民政府军事委员会政治部成立,陈诚任部长,周恩来、黄琪翔任副部长。政治部下设三个厅,郭沫若任第三厅厅长,负责抗战宣传动员工作。为方便工作,1938年5月,国民政府军事委员会政治部向武汉大学要了三套房子,分给周恩来、黄琪翔、郭沫若居住。周恩来和邓颖超夫妇住在珞珈山一区(十八栋)教工宿舍27号,郭沫若住在周恩来下面一排的20号,黄琪翔住在19号。

在工作中,三位革命人士及其夫人也结下了深厚的友谊,黄琪翔的夫人曾回忆说:"琪翔和恩来、沫若两同志不仅是同事,而且是芳邻,更便于彼此往来。颖超和恩来同志经常对抗战的形势和前途进行分析和讨论；琪翔亦力图与恩来同志密切合作，扩大团结抗战的影响。还经常和大革命时期的老友叶剑英、叶挺、郭沫若来往，对时局交换意见。这个时期，我和邓颖超、宋庆龄、李德全、史良几位大姐一起搞妇女的抗日救亡工作和儿童保育工作。组织了战时妇女救国委员会和儿童保育会，并把家属组织起来，搞一些支援前线和慰劳伤兵的活动；另外还开设了一个医务所，为军人和老百姓治病，每月的开支需要几千元，全靠社会募捐来维持。在这些活动中我得到邓颖超等几位大姐的引导和帮助。"

在这珞珈山南面的"十八栋"一个普通的小楼里，周恩来经常晤见各界爱国民主人士、武汉大学进步教授和国民党抗日将领，与他们促膝谈心，宣传共产党统一战线的主张，商议抗日救国之策。著名的"三S"（斯诺、斯特朗、史沫特莱）等国际友人，也曾多次造访珞珈山，受到周恩来和邓颖超的热情接待。1938年6月，周恩来、邓颖超在珞珈山寓所，接见了美国记者埃德加·斯诺。周恩来一再感谢斯诺，说他撰写的《西行漫记》在中外都很有影响，使广大读者了解了中国共产党和红军的真实情况。周恩来希望他继续真实地向全世界介绍中国人民抗日战争的情况。会谈后周恩来和斯诺还共进了午餐并合影留念。

在珞珈山居住期间，周恩来还先后几次给武汉大学学生作演讲，每次都座无虚席，大大激发了武汉大学师生的爱国热情和抗战决心。1937年12月31日，周恩来在武汉大学学生俱乐部做了《现阶段青年运动的性质和任务》演讲。他说：我们的青年，不仅要在救亡的事业中复兴民族，而且要担负起将来

周恩来与邓颖超在武汉大学的寓所

建国的责任。因此，青年朋友要到军队里去，建立生力军，充实旧队伍，接受正规的军事训练，随时准备到战场上杀敌；要到战地服务去，组织战地的民众，起来自卫，起来斗争。要到乡村中去，动员起广大的群众到军队中来；要到被敌人占领了

周恩来与邓颖超在武汉大学寓所会见斯诺先生

的地方去，秘密地把救国组织发展起来，准备迎接正规军的反攻。最后，要努力去争取抗战的最后胜利，去争取独立的、自由的、幸福的新中国的来临！

1938年初夏，周恩来应武汉大学地下党的外围组织"抗日问题研究会"之邀，连续两个晚上在大操场上做演讲，宣传毛泽东的《抗日游击战争的战略问题》，号召知识分子行动起来，投身全民抗战中去，把日本侵略者赶出中国。正是在周恩来的教育和鼓舞下，不少师生纷纷投笔从戎奔赴前线，参加抗日救国斗争。

在珞珈山上，周恩来还利用同国民党一起合作共事的机会，努力做好统战工作。在国民政府军事委员会政治部，他利用任副部长的机会，不仅吸收了大量的民主人士，如武汉大学教授、民主人士范寿康等，还开展了大量的抗战工作。当时开展的"抗日宣传周""七七献金""火炬游行"等活动曾令武汉三镇轰动，也使国民党为之震惊。

在珞珈山期间，周恩来还会见过不少国民党要员。1938年7月，李宗仁来到武汉，周恩来设宴款待他，畅谈团结抗战问题。1938年春夏，国民政府在珞珈山举办军官训练团，有时蒋介石会临时居住在半山庐旁，与周恩来住所仅隔一道山坡。据周恩来秘书童小鹏回忆，"那时周恩来和蒋介石都住在珞珈山上，经常会在散步时遇到。在抗战前途、民族命运等问题上，两人总是相谈甚洽。"

1938年10月，日军已紧逼武汉，形势越来越不利。21日，周恩来告别了珞珈山的十八栋，搬到了汉口。虽然，周恩来在此居住仅仅5个月，但却使他念念不忘。1971年中日邦交正常化，日本送给中国1000株樱花，周恩来因想念曾经的珞珈山寓所，嘱咐一定要送50株给武汉大学栽种。

如今，位于十八栋的一区27号"周恩来故居"，已成为学校及武汉市的爱国主义教育基地，吸引着无数的学子和游人慕名前来，寻访他走过的足迹，追寻那段不应忘记的历史。

7 郭沫若与珞珈山

"宏敞的校舍在珞珈山上,全部是西式建筑的白垩宫殿。山上有葱茏的林木,遍地有畅茂的花草,山下更有一个浩渺的东湖。湖水清深,山气凉爽,而邻湖又还有浴场的设备。离城也不远,坐汽车只消二十分钟左右。太平时分在这里读书,尤其教书的人,是有福了。"

这就是郭沫若在抗战时期的回忆录《洪波曲》中所记载的珞珈山。

作为我国现代著名的学者和著名社会活动家,郭沫若与武汉大学有着多次情缘。早在中国共产党建党及大革命时期,武汉大学就曾三次聘请郭沫若来校任教。第一次是1921年9月,作为全国六大师范之一的国立武昌高等师范学校(武汉大学的前身)欲聘郭沫若为国文部教授,郭沫若因筹办"创造社"的文学刊物而耽误了学业,需要回日继续学习,因而不能前往应聘。第二次是1924年8月,国立武昌高等师范学校改为单科师范大学,即国立武昌师范大学(武汉大学的前身)。为补充升格后的文学师资,张继煦校长亲自写信寄到日本福冈,聘请郭沫若为国文系教授,由于旅费困难,未能如期而至。第三次是1925年国立武昌大学的校长石瑛为提高学校声望,大力延聘名师,决定聘郭沫若为国文系主任。由于郭沫若先期已答应中华学艺社的邀请,所以不得不辞聘。

三次不成,第四次终于如愿以偿。1926年秋,北伐的大军很快攻下武昌城,武汉国民政府决定在武昌建立一所新型学校——国立武昌中山大学。在武汉国民政府的指令下,郭沫若与邓演达、董必武、徐谦、章伯钧、李汉俊等人一起担任国立武昌中山大学(武汉大学的前身)筹备委员会委员,参与武汉国民政府高等教育改革,将国立武昌大学、国立武昌商科大学、湖北省立法科大学、湖北省立医科大学、湖北省立文科大学、私立文华大学等校合并改组为国立武昌中山大学(为纪念孙中山先生也叫第二中山大学)。1927年2月,国立武昌中山大学正式开学,全校设6科、17个系2个部。国立武昌中山大学因大革命的失败于1927年冬被国民党勒令解散而停办。郭沫若等人历尽艰辛创办的国立武昌中山大学存在的时间虽短,却为1928年国立武汉大学的创办奠定了基础。

抗日战争爆发后,郭沫若再次来到武汉,在周恩来直接领导下从事抗战文化宣传工作。1937年7月7日,"卢沟桥事变"爆发,全国性的抗战开始。在中日民族矛盾日益上升为主要矛盾的时候,蒋介石被迫接受了共产党提交的《国共合作宣言》,国共两党开始了第二次合作。1937年11月18日,南京国民政府开始在武汉办公,武汉成为事实上的"临时首都",成为全国抗战的政治、军事、经济、文化中心,直到1938年10月25日武汉失守。

此时的武汉大学成为共产党开展抗日救亡运动的重要阵地,成为共产党人联合南京国民政府协同抗日的重要场所。在这里召开过中国国民党临时全国代表大会，确定抗日的重大方针；举办过国民党军官训练团，宣传过统一抗战的思想。

1938年2月，国民政府军事委员会政治部成立，陈诚任部长，周恩来、黄琪翔任副部长。政治部下设三个厅，郭沫若任第三厅厅长，负责抗战宣传动员工作。4月1日，政治部第三厅在武昌昙华林正式成立。为方便工作，郭沫若通过武汉大学哲学系范寿康教授的关系，把珞珈山上"十八栋"别墅区张有桐教授的房子顶了下来。因珞珈山成为当时国民党军官训练团的团部，戒备森严。4月26日军官训练团的团部特意为郭沫若颁发了"洛字第218号特别通行证"，以方便郭沫若出入珞珈山。4月底，郭沫若和于立群由汉口太和街搬到珞珈山居住。从寓所到武昌昙华林办公地点，坐车只需要20分钟，免除了江南、江北早出晚归的劳顿，郭沫若感觉十分惬意。不久，周恩来、黄琪翔也先后搬来居住。

郭沫若利用在珞珈山居住的有利时机，做了大量的革命宣传和统战工作。他先是吸收文化界名人胡愈之、田汉、阳翰生、徐悲鸿、冯乃超、冼星海、洪琛等进入第三厅工作。进而开展了大量的抗战工作，如他领导的扩大宣传周活动，通过文字宣传、口头宣传、歌咏宣传、美术宣传、戏剧宣传、电影宣传等活动，鼓励前方将士再接再厉，也勉励后方民众同仇敌忾。在宣传活动中，仅出版的报刊就达百余种，有《每周评论》《战时教育》《中国青年》《救国晚报》《前进日报》等。除了各种宣传活动外，还发起过献金运动。在1938年7月7日到来之际，他精心组织，发起了"七七"纪念周献金运动。

武汉各界民众 50 余万人参加了献金运动，金额达 100 余万元，有力地支援了前线的抗日运动。

尽管武汉抗战期间，郭沫若的工作十分繁忙，但在珞珈山居住的 4 个月里，他的生活是甜蜜而令人回味的。在《洪波曲》中，他这样写道：

> 当时的生活尽管是异常忙碌，差不多每天清早一早出去，要到晚上，甚至有时是深夜才能够回家，但在夜月下的散步，星期日无须下山，或者有友来访的时候，可留下了不少的甜蜜的回忆。我们在东湖里游过水，划过船，在那岸上的菜馆吃过鲜鱼。浓厚的友情，闲适的休憩，是永远也值得回味的。

1938 年 8 月底，由于局势紧张，郭沫若搬回汉口鄱阳街居住，部署三厅人员的疏散工作。直到 10 月 24 日汉口日军的枪声日益临近，郭沫若、周恩来和董必武才撤离武汉。郭沫若在临行前为《扫荡报》写下了《武汉永远是我们的》社论。

1963 年 11 月 5 日，对于珞珈山来说是一个不寻常的日子。这一天，时任中国科学院院长兼中国科学技术大学校长的郭沫若访问了武汉大学。当他再次来到其在抗战时的旧居前时感慨万千，古香古色而历经磨难的西式别墅尚存，在阳光的照耀下依旧璀璨夺目。为了纪念这次珞珈之行，郭沫若不仅在旧居前留影，还挥毫泼墨写下了七言绝句，以庆祝即将举行的武汉大学校庆。

"桃李春风五十年,珞珈山下大江边,一桥飞架通南北,三镇高歌协管弦,反帝反修期望勉,劳心劳力贵相联,攀登决不畏艰险,高举红旗插九天。"

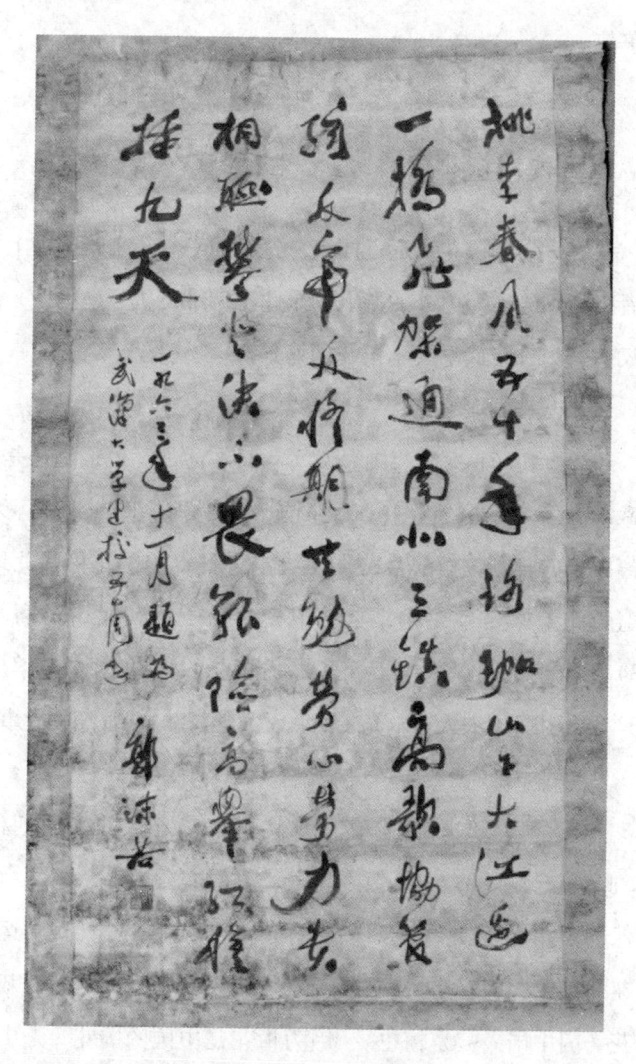

1963 年郭沫若为武汉大学题词

为使武汉大学人永远记住这位革命家、社会活动家和大文豪，武汉大学将郭沫若珞珈山故居上报国家文物局予以保护。2001年郭沫若珞珈山故居被批准为第五批国家级文物保护单位。

8 武汉大学樱花的历史

武汉大学的樱花，远近闻名。每年的三月，来珞珈山上赏樱者络绎不绝。海内外的游人，乐此不疲乘飞机、坐高铁来到武汉，只为一睹武汉大学樱花的盛景。

二十八株国耻之花

1938年10月25日，国民党军与日军激战，但最终还是宣布武汉沦陷，美丽的珞珈山成为日军的指挥所。1939年的春天，远离故土的日军为解思乡之苦，决定将日本的樱花移栽此地。为避免此羞辱之事发生，当时护校的汤子炳（又名汤商皓，1934年毕业于武汉大学经济系，后留学日本攻读硕士学位，1937年携其日本夫人铃木光子回武汉大学任教），曾经就此事与日军发生过争辩。

一天，日军文职武官高桥少将对来校察看的汤子炳说，"对此一较日本日光、箱根之风景优美的文化地区，当尽力加以保护。""惟值此春光明媚，尚欠花木点缀，可自日本运来樱花栽植于此，以增情调。"汤子炳则反驳道："可同时栽植梅花，因中国人甚爱梅也。"因为梅花是中国的国花，是中华民族坚强不屈的象征。高桥却回答："樱苗易得，梅种难求，

1962 年春，学生在樱花林下欢歌漫步

明年今日君等可来此赏樱。"汤的意见遭到否定。

不久，日军将从本国带来樱花树苗栽植在校前路（现在的樱花大道）上，大约二十几株。

抗战胜利后，武汉大学从乐山迁回珞珈山后，人们发现学生宿舍下面校前路旁均匀地栽种有 28 株樱花树，春天来时会开花。因对日本军国主义的痛恨，有人建议将樱花树砍掉。当时驻守在武汉的国军张轸师长，主张保留武汉大学里面的一草一木。于是武汉大学的第一代樱花树得以保存。1957 年，学校对这些樱树进行了嫁接更新。

樱花大道上的樱花

一千株人文之花

1972年，中日邦交正常化，日本首相田中角荣访华，向周恩来总理赠送了1000株大山樱，其中800多株留在了北京。50株转赠给武汉大学，栽植于半山庐前。1973年，学校又从上海引进了一批山樱花，并再次进行了更新。由于樱花树的生命周期很短，1939年由日本人种下的第一批日本樱花，50年代更新时已基本死绝。我们今天在樱花大道上所看到的日本樱花，多为原种的第二、第三代。

1983年1月15日，为纪念中日邦交正常化10周年，日本友人赠送了100株垂枝樱苗给武汉大学，学校将它们栽植于枫园三舍南侧公路边和樱园附近，1986年全部开花。1992年，在纪念中日邦交正常化20周年之际，日本友人再次赠送学校樱花树苗200株，后栽植于八区苗圃。现今校园各处的樱花树苗，除自行培育的外，大多都来自于此。

80年代后，学校对校园内的樱花树进行了全面、合理的布局，扩大了樱花的栽植地段，使樱花树从樱花大道及其道下的广阔地带，逐步扩展至鲲鹏广场、第四教学楼、人文科学馆以及行政大楼等处。1989年，学校从东湖磨山植物园引进云南樱花16株，栽植在校医院前公路北侧。1991~1993年，这些樱花树共生樱苗近600株。1995年，武汉大学校友、湖北省农业科学院研究员张朝臣研究出试管樱花，大大缩短了樱花的生长、开花时间，很快受到园林部门的青睐。至今，校园内已有樱树1000多株，内含日本樱花、山樱花、垂枝樱花和云南樱花共四个植物学种和十多个栽培品种或变种。

日本樱花（P. serreulata），落叶乔木，高约5~25米，树皮暗栗褐色，光滑而有光泽，具横纹。伞房状或总状花序，花白色或淡粉红色。垂枝樱花花粉红色，重瓣，花枝张开而下垂。山樱花多野生，花朵小，单瓣，白色或粉红色，花梗及花尊无毛。云南樱花（P. cerosoides），高约10米，树皮褐色，小枝紫褐色，叶椭圆状卵形或倒卵形，缘具重齿，花粉红色至深红色，2~5朵簇生，花期2~3个月。

9 20世纪三四十年代在《自然》《科学》杂志上发表的8篇论文

1943年9月，李约瑟在英国《自然》（Nature）杂志上发表了《川西的科学》（Science in Western Szechuan）一文，在文中高度称赞武汉大学的学术水平可与西南联大相媲美。

20世纪三四十年代，武汉大学的教授在国际顶尖刊物《自然》(Nature, 1869年创刊)和《科学》(Science, 1880年创刊)杂志上以"国立武汉大学"(National Wuhan University/National Wu-Han University)为机构署名发表了8篇论文。

1936年2月，汤佩松、宋秉南在《自然》杂志上发表"Change in Optical Rotation of Glucose in Dilute Solutions of Boric Acid"(《混合于几种特定浓度硼酸溶液中葡萄糖的氢离子浓度指数及旋光度的变化》)的论文。1936年10月，汤佩松、林春猷在《科学》杂志上发表"Downward Shift of pH Caused by Addition of Glucose to Boric Acid Buffer Solutions"(《用氢醌电极测量硼酸溶液中不同浓度的葡萄糖的氢离子浓度指数》)的论文。1939年9月，高尚荫、公立华在《科学》杂志上发表"Studies on the freshwater medusa found in kiating, Szechuen, China."(《中国四川嘉定淡水水母物种的生存环境研究》)的论文。

1940年1月，邬保良在《自然》杂志上发表"A Simple Rule for Evaluating Atomic Constants"(《从精细结构常数α推导原子常数的简易计算法》)的论文，1940年11月，高尚荫在《科学》杂志上发表"The Occurrence and Isolation of Azotobacter in Chinese Soils"(《对中国土壤固氮菌的研究》)的论文，1941年3月，高尚荫在《自然》杂志上发表"Soil Protozoa in some Chinese Soils"(《对中国土壤中原生动物的调查》)的报告。1947年11月，梁百先在《自然》杂志上发表"F2 Ionization and Geomagnetic Latitudes"(《F2电离层的临界频率foF2与地磁纬度

之间的关系》)的论文。1949年7月,高尚荫、王焕葆在《科学》杂志上发表"Survey of Chinese drugs for presence of antibacterial substances"(《对中国中草药物的抗菌活性研究》)的论文。

汤佩松(1903~2001)湖北浠水人,美国约翰·霍普金斯大学的博士;1933年回国任教武汉大学,直到1938年。他在武汉大学建立了中国第一个普通生理实验室;后去西南联大工作,担任过清华农学院院长,北京农业大学副校长;1948年当选首批中央研究院院士;1955年当选为中国科学院学部委员。高尚荫(1909~1989)浙江嘉善人,美国耶鲁大学博士;1935年11月回国任教武汉大学,直到去世。他先后任武汉大学生物系主任、病毒学系主任、病毒学研究所所长,学校教务长、副校长等职,是中国病毒学奠基人之一;1980年当选中国科学院院士(学部委员)。邬保良(1900~1955)广东龙川人,美国华盛顿加多里大学博士;1933年起任教武汉大学,直到去世。他先后担任过武汉大学化学系主任、理科研究所所长、校务委员会主任委员(即校长)等职。梁百先(1911~1996)湖南省长沙人,英国伦敦大学理学硕士;1939年回国任教武汉大学,直到去世。他曾经协助桂质廷教授创建了中国第一个电离层实验室,曾任武汉地球物理观象台首任台长,是中国电离层电波传播与空间物理研究领域的开拓者。

上述的研究成果,在一定程度上也代表了当时中国相关领域的最高研究水平。高尚荫、公立华的"Studies on the freshwater medusa found in kiating, Szechuen, China."论文,对四川嘉定大渡河边同一池塘发现的两种淡水水母物种进行了研究，将其中一种水母命名为"桃花水母"（Craspedacuta sinensis）。此项研究是中国学者最早在无脊椎动物学领域的开创性研究。高尚荫的"The Occurrence and Isolation of Azotobacter in Chinese Soils"论文，对中国15类土壤样本共127个样品进行了非共生固氮菌测定，结果是102个样品含有固氮菌。这是对中国大面积土壤开展非共生固氮菌的首例研究报道。梁百先的"F2 Ionization and Geomagnetic Latitudes"论文，通过对F2电离层的临界频率foF2与地磁纬度之间的关系的研究，发现了电离层赤道异常现象。这是中国科学家在电离层研究领域第一个受到国际学术界重视的重大发现。

这些成果也在国内外产生了很大影响。高尚荫的关于淡水水母的研究成果，在2009年仍有人引用。2007年，荷兰学者、国际无脊椎动物病理学会主席Just M. Vlak教授还在国际期刊《无脊椎动物病理学杂志》上撰写长文，介绍高尚荫先生多方面的开创性研究。梁百先几乎与英国著名科学家、诺贝尔奖获得者E. V. Appleton同时独立发现了电离层赤道异常现象，其成果先后都在《自然》杂志上发表，所以后来有的学者将这种异常现象称之为Appleton-Liang异常。梁百先的论文近年仍有美国、俄罗斯学者多次引用。

20世纪三四十年代，正是因为有一批像汤佩松、高尚荫、邹保良、梁百先等人的不懈努力，才使武汉大学赢得学术的辉煌。三十年代，国立武汉大学与其他四所大学并称为"五大名校"；四十年代，国立武汉大学与另三所大学并称为"四大名校"，以上荣誉的赢得与这些学者的学术成就、学术声望及学术努力是分不开的。

1943年9月，李约瑟在英国《自然》（Nature）杂志上发表《川西的科学》（Science in Western Szechuan）一文，称武汉大学的学术水平可与西南联大媲美

10 珞珈山"六一惨案"

在近代的多事之秋，一个有担当的大学应该为民族的振

兴、国家的富强而奋斗不息。一百多年来，武汉大学在民族兴亡的关键时刻，师生们总是挺身而出，奋勇向前，以天下为己任，为民族独立、国家振兴和人民福祉而英勇奋斗，谱写了一曲曲壮丽的诗篇。1947年发生在珞珈山的民主运动是当时学校优良爱国传统的一个具体展现。

1946年10月，学校从四川乐山迁回武昌珞珈山后，全国民主运动的浪潮一浪高过一浪。1947年发生的"六一惨案"，是国民党政府镇压学校民主运动而做出的最残暴的行为。

1947年5月20日，京、沪、苏、杭学生6000余人在南京举行联合示威游行，向国民政府行政院提出增加伙食费及教育经费等五项要求，遭国民党军警残暴镇压，造成重伤31人，轻伤90余人，被捕20余人，这就是震惊全国的"五二〇"惨案。消息传来，武汉大学学生联合武昌大中学校学生举行了"反饥饿、反内战、反迫害"示威游行，声援南京学生，抗议南京当局暴行。5月28日至31日晚，学校举行反内战、争温饱的时事座谈会和文艺晚会，金克木等知名教师慨然前往讲演，学生表演了《茶馆小调》《凯旋》等节目，强烈谴责国民党政府发动内战、不顾人民死活的罪恶行径。会上约定，学校积极响应华北学联提出的6月2日举行全国学生大游行。

为防止事件的发生，武汉警备司令部秘密采取行动，企图将进步师生一网打尽。

6月1日凌晨3时，国民党武汉行辕和警备司令部，纠集军、警、宪、特约2000人，全副武装包围了武汉大学珞珈山校园，并在通往学校的街道口、杨家湾、洪山、农学院、东湖边等地秘密布防。准备完毕之后，一部分兵力包围了男、女生宿舍和教员住宅，并在制高点架设机枪、迫击炮。军警在蒙面特务学生的带领下，手持黑名单逐室搜捕进步师生。

哲学系的金克木、机械系的刘颖、历史系的梁园东、外文系的缪朗山和朱君允5位教授及其他10多名师生被军警逮捕，并被押上警车准备带走。在与军警、特务说理无效的情况下，早6时，天、地、玄、黄四个斋舍的学生首先冲出铁门，营救师友。100多名学生围住装有被捕师生的汽车，司机被强行拉下，玻璃和方向盘被砸，油路、电路也被切断。这时，只听一声枪响，一名军官突然下令开火。一时间，军警用机枪、步枪、手榴弹等武器，向手无寸铁的学生开火扫射，枪声持续了十多分钟。最后，黄鸣岗、王志德、陈如丰3名学生被打死，1名职员和2名学生受重伤，16名学生受轻伤。最后，军警们押着被捕教师、学生及工人扬长而去。这就是震惊全国的珞珈山"六一惨案"。

事后，国民党政府武汉当局先是掩盖事实真相，后又歪曲事实，诬蔑学生私藏军火，企图暴动。

惨案发生后，师生们进行了不屈不挠的斗争。

当日，代校长刘秉麟与6名教授赶到武昌阅马场湖北省参议会，向国民党武汉行辕主任程潜进行严正交涉。上午9时，全体学生齐集宋卿体育馆，决定成立学生自治会"六一惨案"处理委员会，开展无限期罢课，派人员晋京请愿，向社会各界说明事实真相。下午，教授会举行大会，决定罢教一周，成立宣言、起草委员会和营救委员会。6月2日，学校教授会、学生会分别发表宣言，提出严惩凶手、释放被捕师生、公葬死难

"六一惨案"发生地——学生宿舍

学生、优恤死难家属、赔偿受伤学生损失、切实保障人权、保证军警、特务以后绝不进入学校非法捕人等要求。

惨案发生后,正在南京参加参政会议的周鲠生校长,立即赶回珞珈山。6月3日,周鲠生和18名教授,到武汉行辕交涉,保释被捕师生,并抗议中央通讯社发出的歪曲事实真相的报道,要求追究责任。周鲠生向程潜呵道:"限你24小时内,全部交还我被捕师生。不然,我即组织5000人的队伍,披麻戴孝抬着

武汉大学教授对"六一惨案"歪曲报道的抗议书

三副棺材、二十副伤员担架在武汉三镇游行示威。所造成的一切后果,由你程潜一人负责!"迫于周鲠生的"最后通牒",程潜同意释放全体被捕师生。午后4时,被捕师生保释返校。

6月22日上午,学校师生和校外来宾2000余人,在体育馆举行了追悼大会,沉痛悼念遇难的三位学生。23日,学校师生为死难学生举行了出殡大游行。游行队伍行遍武汉三镇,得到了广大市民的深切同情、慰问与声援。

得知"六一惨案"的消息后,武汉大学分布在北平、南京、上海、苏州、广州、长沙、成都以及东北等地的校友分会纷纷来电来函慰问,均对母校所发生的不幸事件极为关注,对死难学生尤为悼念。全国各地高校也纷纷来电慰问、声援。如华北学联为声援武汉大学决定罢课3天；北京大学、清华大学两校反饥饿反内战委员会组织罢课，并设祭坛遥祭武汉大学三位同学；中央大学、金陵大学等校也举行了追悼会；交通大学、同济大学、暨南大学、上海医学院、北平交通大学、唐山交通大学等高校发来声援函电。

"六一惨案"发生后，面对武汉大学师生的悲愤呼吁和社会的大力声援，国民党当局不得不重视起来。国民政府主席蒋介石6月4日电令武汉行辕主任程潜秉公处理，对伤亡学生代为抚恤。国民政府行政院院长张群指派政务次长杭立武前往武汉大学，查明事件原因并依法处理。武汉行辕在武汉大学师生的强烈要求下，对"六一惨案"的凶手进行了审判，并对武汉警备司令彭善处以停职五年的处罚。

为了纪念在"六一惨案"中遇难的三位同学，武汉大学将樱园老斋舍的三个拱门分别改为如丰门、志德门和鸣岗门，并在体育馆南面三位死难同学初次下葬的地方专门修建了一座"六一惨案"纪念亭。1983年4月，武汉市人民政府将"六一惨案"遗址列为武汉市文物保护单位。2001年6月，"六一惨案"纪念亭被国务院列为第五批全国重点文物保护单位。

发生在武汉大学的"六一惨案"是"五二〇"运动的延续，武汉大学师生们在国家命运抉择的重要关头，在极端艰难的环境中团结一致，众志成城，在武汉大学历史上留下了浓墨重彩的一笔，已经载入史册。

11 毛泽东视察武汉大学

1958年9月12日,毛泽东来到依山傍水的武汉大学进行视察。9月12日下午7时20分,毛泽东在湖北省委和武汉大学党政领导的陪同下,从西南大门进入校园直奔学校东北面的实验区域,首先参观了化学系和物理系的实验工厂,了解师生员工在"大跃进"中创办的炼焦厂、空气电池厂、硫酸厂、硅胶厂、卡普隆厂、炼铜厂和炼矽钢片厂的情况。在视察过程中,毛泽东慰问了在工厂劳动的同学,和他们亲切握手。

视察完试验区域,毛泽东来到位于工学院与理学院之间的大操场,接见了来自武汉大学、武汉水利学院、武汉测量制图学院、中央民族学院中南分院4校的师生员工13000余人。7时50分,毛泽东来到工学院外面高高的平台上,亲切接见了4校的党政负责人并不断地向师生们挥手致意。7时55分,毛泽东在众人的欢送声中乘车离开了珞珈山。为纪念这次接见,学校的大操场也从此改名为"9·12"大操场。

毛泽东之所以前往武汉大学视察,也许与武汉大学的不少名人们结下的深厚情谊有关,如李达、谭戒甫、陈文新等。毛泽东与他们或是并肩战斗的革命战友,或有着师生情谊,或有着革命的亲情。

毛泽东与李达(1953~1966年任武汉大学校长)的友谊既长又深厚。他们是同乡,早在1921年中共一大上就结识,在以后的漫长岁月里,李达与毛泽东一直风雨同舟,为宣传马列主义、毛泽东思想鞠躬尽瘁,他与毛泽东的友谊持续了 40 多年。1922 年 5 月,毛泽东邀请李达到湖南长沙一起筹备创办湖南自修大学,并聘任李达为湖南自修大学的校长。这是他们的第一次正式合作。1927 年春,毛泽东创办中央农民运动讲习所时,邀李达去讲学,李达欣然前往并给学员们讲授社会科学概论。是年 3 月,毛泽东要李达回长沙去筹办国民党省党校,李达欣然接受并顺利办成,为中共湖南党组织培养了大批干部。抗战爆发前,李达曾把自己写的马克思主义哲学著作《社会学大纲》寄给在延安的毛泽东,毛泽东反复、认真、仔细地阅读该书,做了详细的批注,前后共看了 10 遍,并写信热情地称赞李达是一个"真正的人"。李达大部分时间和精力都用于研究毛泽东思想,1951 年和 1952 年,李达给毛泽东发表的《实践论》和《矛盾论》两部哲学著作写了解说,出版了《实践论解说》和《矛盾论解说》两本书,在写作过程中,李达每写完一章都寄给毛泽东审阅,毛泽东对李达的解说深表满意,称赞"这解说极好"。李达还在担任武汉大学校长期间,亲自主持武汉大学哲学系毛泽东思想研究室的工作,对研究毛泽东哲学思想做出了重大贡献。

毛泽东与谭戒甫(1928～1938 年任教于武汉大学中文系,1953 年院系调整后回武汉大学历史系任教)有着师生之谊。谭戒甫是毛泽东在湖南省立第一师范学校的语文老师,他主要研究先秦诸子、楚辞和金文,曾任武汉大学中文系教授,著有《墨辩发微》和《公孙龙子形名发微》、《墨经分类译注》等。新中国成立时,谭戒甫仍在湖南大学任教。他多次写信给毛泽东汇报教学和从事学术研究的情况，毛泽东每次都亲笔给谭戒甫回信。1957年9月，毛泽东邀请已经在武汉大学历史系担任教授的谭戒甫到北京参加国庆观礼，并请他到中南海的家中做客。领袖的关怀和尊重，使年逾古稀的谭戒甫先生倍感荣幸和无比振奋。1958年4月6日，毛泽东在武汉体育馆接见武汉地区科学工作者代表，当毛泽东在5000多名代表中发现谭戒甫先生时，立即停下脚步，亲切地和他握手，并对他说："您的论文《屈原哀郢》我已看过，可以发表。"毛泽东的关怀和鼓励宛如一股暖流温暖了谭戒甫先生的周身。此后，他不顾年老体衰，更加勤奋地著书立说，毛泽东对中国历史文化的重视极大地激励着谭戒甫先生。

毛泽东和陈文新（1952年毕业于武汉大学农业化学系）更是有着一种革命的亲情。陈文新是中国科学院院士，中国农业大学生物学教授，我国著名的土壤微生物及细菌分类学家。陈文新是烈士的女儿，其父亲是毛泽东当年在湖南省立第一师范学校求学时的同窗挚友；后随毛泽东参加革命，大革命失败后，被捕入狱；1930年2月被反动派杀害。当时，陈文新只有3岁，大姐12岁，二姐8岁。因为陈文新的母亲也姓毛，毛泽东叫陈文新的母亲为大姐，陈文新管毛泽东叫舅舅，关系亲如一家，陈文新在其成长岁月中也备受毛泽东的鼓励和教导。1951年4月，陈文新的母亲让其代写一封信给毛泽东，信里介绍了陈文新的学习情况，这封信发出后，她们很快就收到了回信，毛泽东在信中鼓励陈文新姐妹要努力学习和工作，继承其父亲的遗志，为人民、为国家的建设贡献力量。现在，武汉大学的校徽、校牌和周报的字体都取自这封信。

2012年5月2日,就在毛泽东视察武汉大学半个世纪之后,全国政协委员、毛泽东之女李敏来到武汉大学,追寻父亲当年的足迹。陪同前来的,还有李敏的女儿、北京东润菊香书屋有限公司董事长孔东梅和武汉大学杰出校友、泰康人寿股份有限公司董事长陈东升。李敏站在父亲曾走过的地方,抚摸着石栏,重温半个世纪前,父亲视察武汉大学的历史岁月,这位70多岁高龄的老人默默凝望,微风拂过树梢,沙沙作响,仿佛也在回忆半个世纪前的那个傍晚。

三　武汉大学名人

1　中共"一大"代表：陈潭秋

说起陈潭秋，人们都知道他是无产阶级革命家，为共产党的早期发展做出过重要贡献。但对武汉大学来说，他却是一名出色的学生，武汉大学为有这么一位杰出的校友而自豪！

陈潭秋（1896～1943），名澄，字云先，号潭秋，湖北黄冈县（今湖北黄冈市黄州区）陈策楼人。1915年9月，陈潭秋考入国立武昌高等师范学校预科；1916年9月转为本科，入英语部学习；1919年6月毕业。在校学习时，他非常

陈潭秋

刻苦认真；学习的课程有伦理学、心理学、教育学、英语、英文学、国文、国文学、历史、哲学、美学、语言学、体操等，成绩十分优异。

当时国立武昌高等师范的学习氛围十分浓厚，成立不少学生学术团体；为练习学生英语，学校成立了"英语谈话会"。陈潭秋不仅是英语谈话会的一员，而且是其中一名十分积极的成员。在活动中，他经常演讲，曾发表过《教育为中国之急务》的专题演讲。

陈潭秋在读书期间，十分活跃。与当时的同学章伯钧（政治活动家、中国农工民主党创始人和领导人之一）、朱光潜（现当代著名美学家、文艺理论家、教育家、翻译家）、钱亦石（教育家、理论家、社会活动家）、杜佐周（著名教育学家，曾任国立英士大学校长）、沈刚伯（著名历史学家、教育家、学者，台湾"中央研究院"院士）、曾昭安（现代数学家、数学教育家、武汉大学教授）、何定杰（脊椎动物学、无脊椎动物学、遗传学家，武汉大学教授）等都是十分要好的朋友。在他的影响下，钱亦石、何定杰后来都积极投身革命运动。

1926年，武汉国民政府大力整顿和改革教育事业，将国立商科大学、国立医科大学、省立法科大学、省立文科大学、私立文华大学等学校与国立武昌大学合并组建国立武昌中山大学（亦称第二中山大学）。陈潭秋与董必武、钱亦石成为学校政治训练委员会委员，负责政治训练工作。国立武昌中山大学在当时被称为"红色学校"，是共产党的大本营，是进步力量的"机关总部"。这与陈潭秋等人的政治训练工作不无关系。

1919年6月,陈潭秋从学校毕业以后,从事革命活动,母校依然是他革命活动的阵地之一。

1920年年底至1921年年初,陈潭秋同志为了更好地开展革命工作,兼任了国立武昌高等师范附属小学教师(简称"附属小学");1922年秋兼任附属小学五年级主任,教授国文和历史。陈潭秋像一团火一样照亮了进步师生的心,大家逐渐团结在他周围,阅读进步书刊,革新教学内容,从事革命宣传。陈潭秋和董必武一道组织了社会主义青年团,把国立武昌高等师范及其他学校在"五四运动"中涌现出来的先进青年20多人吸收到团组织中来。这些团员有的不久加入了共产党,有的成为大革命时期的革命骨干。

1921年7月,陈潭秋同志参加了中国共产党"一大"以后在社会上的活动更多了,但仍然十分重视附属小学的工作,在他的影响下,国立武昌高等师范附属小学有一批教员如钱亦石、张朗轩、江子麟等参加了中国共产党,成为武汉地区最早的一批共产党员。

附属小学的毕业生有的考入国立武昌高等师范附属中学,成为学生运动的积极分子,有的(年龄较大的)被送往广州黄埔军校学习,有的由中共党组织送往苏联学习。著名的军事家、外交家伍修权同志就是这一时期由陈潭秋、张朗轩保送前往苏联学习的。

可以说,国立武昌高等师范附属小学是当时武汉地区培养

1915 年 9 月国立武昌高等师范学校开办的附属小学

革命青年的摇篮之一。当时中国共产党的许多重要会议在附属小学召开，直到 1926 年附属小学改为省立第一小学后，中国共产党的第五次全国代表大会还在那里召开过。所以董必武同志回忆国立武昌高等师范附属小学时说："武昌高师附小有一个时期简直成了湖北革命运动的指挥机关。"这些都与陈潭秋的革命活动及影响分不开。

1926 年国立武昌中山大学建立以后，以陈潭秋、董必武为代表的一批共产党员一边从事教学，一边进行革命活动。出席过中共"一大"的 5 位代表，除董必武、陈潭秋外，还有李达、李汉俊、周佛海，他们都出自国立武昌中山大学。当时，董必武、陈潭秋为学校政治训练委员会会员，董必武、李汉俊、周佛海为学校筹备委员会委员，李达为教员。

1927 年大革命失败，国共合作破裂，学校在董必武、陈潭秋等人的领导下，同蒋介石为首的右翼势力进行了坚决的斗争。1927 年 4 月 16 日，在他们的支持下，学校的山东籍学生与武汉中央政治学校的学生一起到国民党中央党部请愿，强烈要求改组由右派把持的国民党山东省党部，撤换山东省党务特派员王乐平。23 日，学校的学生还参加了武汉各界民众在武昌阅马场举行的 30 万人的讨蒋大会。

由于学校的革命基础较好，在革命的紧急关头，1927 年 4 月 27 日至 5 月 9 日中共"五大"在原国立武昌高等师范附属小学的小礼堂旧址召开，董必武、陈潭秋参加了会议。

在整个革命时期，陈潭秋曾担任过中共湖北地委书记，中共江西、江苏、满洲、福建等省委书记，中央工农民主政府粮食人民委员等职，1943 年 9 月在新疆壮烈牺牲。

2016 年 1 月 6 日，是陈潭秋诞生 120 周年纪念日。我们深切怀念这位为中国革命做出巨大贡献的革命先驱！学习他胸怀远大理想，为革命不惜抛头颅、洒热血；学习他为了中华民族的解放、为拯救人民于水火而不惜牺牲自己生命的精神！武汉大学以有这样杰出的校友而感到骄傲，他将永远活在珞珈山人心中！

2　三位部聘教授：周鲠生、杨端六、刘秉麟

20世纪40年代，武汉大学之所以能成为抗战时期的"四大名校"之一，其中一个重要原因就是有一批像周鲠生、杨端六、刘秉麟这样蜚声中外的名师，他们为学校的发展做出了重要贡献。

1940年以前，大学中的教授评聘都是由大学自己聘任，国家只是引导不干预。1940年以后，国民政府教育部规定大学评聘教授必须经过国家的资格审查。为加强管理和提高师资水平，国家还推行了部聘教授的评审制度。

部聘教授是指由国家教育部直接聘任的教授，是当时中国教育界的最高荣誉，有人称之为"教授中的教授"。教育部指定由吴俊升、傅斯年、吴稚晖、竺可桢等30余人组建教育部学术审议委员会，并由他们负责部聘教授的推荐和评选工作。参加评选的学者须具备下列条件：

在国立大学或独立学院任教授10年以上；教学确有成绩，声誉卓著；对于所任学科有专门著作，且具有特殊贡献。具备这些条件的学者由教育部提经学术审议委员会，由会议委员表决通过。

部聘教授名额设定的原则为每科设1人，"宁缺毋滥"。实际上，三民主义、艺术、气象、商学以及外科医学因未有人选而取消；将内科医学改称医学，经学与中国文学归并为中国文学科；裁并结果，最后剩下24科。于是，将各科设

置名额重新进行分配：中国文学、史学、数学、物理、化学、生物6个基础学科各设2人，其余18科各设1人，总人数为30人。

部聘教授任期五年，期满后经教育部提出，教育部学术委员会审议通过可以续聘。部聘教授的工资，每月由教育部拨发。

部聘教授的推选共进行了两批。第一批在1942年8月，全国符合条件的候选人总数为156人，最后经学术审议会临时常务会议表决，杨树达、黎锦熙、吴宓、陈寅恪、萧一山、汤用彤、孟宪承、苏步青、吴有训、饶毓泰、曾昭抡、王琎、张景钺、艾伟、洪式闾、蔡翘等30人入选；武汉大学的周鲠生、杨端六当选。

第二批部聘教授推选在1943年12月。入选的有胡小石（光炜）、楼光来、柳诒徵、冯友兰、常导直、何鲁、胡刚复、萧公权、戴修瓒、刘秉麟、邓植仪、刘仙洲、高济宇、梁伯强、徐悲鸿，共15人；武汉大学的刘秉麟当选。

部聘教授的人数在全国高校的分布：国立中央大学13人、西南联合大学9人、国立浙江大学4人、国立武汉大学3人、国立中山大学2人、国立四川大学2人、国立重庆大学2人，国立西北大学、国立交通大学、国立西北师范学院、国立湖南大学、大同大学、国立江苏医学院、国立西北工学院、湖南国立师范学院等均为一人。从以上分布的情况可以看出，武汉大学排名全国第四位，它从一个侧面也反映了学校的学科实力和科学研究水平。

周鲠生（1889～1971），原名周览，字荫松，湖南长沙人，著名的法学家；1906年赴日本早稻田大学留学，1913年赴欧洲留学，先后获英国爱丁堡大学政治学硕士学位和法国巴黎大学法学博士学位；1921年回国后，历任上海商务印书馆经济部主任，北京大学、东南大学教授兼政治系主任。

周鲠生

1928年7月，周鲠生任国立武汉大学筹备委员会委员；1929年9月至1939年6月，任国立武汉大学教授兼政治系、法律系主任，法科研究所所长，教务长；后赴美国从事讲学和研究；1945年7月回国，任国立武汉大学校长；1948年当选为中央研究院院士。新中国成立后，他曾任中南军政委员会委员兼文教委员会副主任、外交部顾问等职。

他一生著述颇丰，著有《国际法》《近代欧洲外交史》《近代欧洲政治史》《不平等条约十讲》《现代国际法问题》《国际政治概论》等，在国际法及国际政治学领域多有建树。

杨端六（1885～1966），原名杨勉，后易名杨超；祖籍湖南长沙人；法学院教授，经济学家。

1913年他进入英国伦敦大学政治经济学院攻读货币银行专业；1920年回国，先后在商务印书馆、中央研究院经济研究所任职；1930年任国立武汉大学法学院教授，先后担任法学院院长、教务长、经济系主任、文科研究所经济学部主任等职。

他在武汉大学任教期间，主要讲授货币与银行、会计学、货币学、企业管理学、工商组织等课程。他的著作《货币与银行》于1930年在商务印书馆出版后，一直被作为国内大多数高校经济系的教科书，还被列为商务印书馆的"大学丛书"再版多次。他是中国著名的财政金融专家和经济学家，在银行、货币、信托、商业、会计等学科领域都

杨端六

取得开拓性的成果。他在武汉大学执教36年，著述颇丰，编著出版有《货币与银行》《工商组织与管理》《现代会计学》《清代货币金融史稿》《中国近百年金融史》《货币浅说》《中国改造问题》《公司概论》《社会政策》《银行要义》《信托公司概论》《记帐单位论》《商业薄记》《六十五年来中国贸易统计》等。其中，《六十五年来中国贸易统计》填补了当时中国对外贸易研究的空白，成为重要的外贸参考书。1944年出版的《工商组织与管理》，是一本科学管理理论与工商企业的组织和管理知识兼备的被广泛使用的大学教材。

刘秉麟（1891～1956），别号南陔，又名炳麟，湖南长沙

人;法学院院长,代理校长,经济学家。

1913年刘秉麟考入北京大学经济系,1920年赴英国留学,1922年毕业于伦敦大学经济系研究生班,后转入德国柏林大学学习。1925年回国,他曾担任中国公学商学院院长,上海商务印书馆编辑部主任;1932年8月,到国立武汉大学任教授,先后任法学院院长、经济学系主任、政治系主任、代理校长。

刘秉麟

他讲授过经济学、货币银行学、社会主义及社会运动、财政学、中国财政史、银行学、近代中国经济财政等课程;长期从事经济学的教学科研工作,专长于西方经济理论和中国财政史;著有《经济学原理》《中国租税史略》《经济学》《近代中国外债史稿》《各国社会运动史》《世界各国无产阶级政党史》《李嘉图经济学说及传记》《亚当·斯密经济学说及传记》《李士特经济学说及传记》等专著和《中国古代财政小史》《亚当·斯密》《李嘉图》《公民经济》等小册子;翻译出版了英国马沙所著《分配论》和苏联《俄罗斯经济状况》等书籍。他所发表的许多关于研究经济学原理、国家财政、人口问题的论文,在国内产生了很大影响,也为武汉大学经济学科的发展打下了良好基础。

在全国45位部聘教授中,还有4位曾经在学校工作过,他们是李四光、杨树达、吴宓和曾昭抡。1928年7月，李四光为国立武汉大学筹备委员会委员，并任新校舍建筑设备委员会委员长。1928~1929年，杨树达任教于武汉大学文学院。1946年，武汉大学聘请吴宓为外文系教授。1958年4月，曾昭抡应武汉大学李达校长之邀，并经中央有关部门同意后，只身一人前往武汉大学化学系任教。

3 珞珈三女杰：袁昌英、苏雪林、凌叔华

20世纪三四十年代，武汉大学外文系教授袁昌英、中文系教授苏雪林、文学院院长陈源的夫人凌叔华是当时中国文坛上颇有名气的女作家。她们三人不仅同住珞珈山，而且意趣相投，非常有才华，常有佳作问世，慢慢人们就给她们一个雅号——珞珈三女杰。

袁昌英

袁昌英（1894~1973），字兰紫，湖南醴陵人；著名作家、翻译家、外文系教授；早年就读于上海的教会学校，1916年留学英国，初进伦敦Black Heath High School，次年升入苏格兰爱丁堡大学，学习英国文学。在英国，她认识了不少中国留学生，如杨端六、

袁昌英

周鲠生、李四光、皮宗石、陈源等人。因为她与杨端六是同学加同乡，最后两人发展成为恋人，很快就订了婚。1921年袁昌英从爱丁堡大学毕业，获文学硕士学位，成为当时在英国的第一位中国文学女硕士。回国后，她在北京女子高等师范学校教英国文学史；1926年，又赴法国巴黎大学学习，打下了很好的法文基础；1928年回国，在上海吴淞中国公学任教，讲授莎士比亚文学作品及散文；1932年，开始执教于武汉大学外文系。

袁昌英是一位多才多艺的女作家，翻译家。在学校主要从事外国文学的教学，她曾经讲授过希腊悲剧、希腊及罗马神话、戏剧入门、法文、现代欧美戏剧、莎士比亚和英法散文、中英文翻译等课程。在辛勤的教学中她还培养了一批批优秀的学生，如著名作家、翻译家叶君健和著名经济学家、发展经济学创始人张培刚等。

在教学的同时，她还从事剧本、小说和散文的创作，成就非凡。早在20世纪20年代末，袁昌英就著有《法国文学史》（1929年，商务印书馆）；40年代，又写了《法国文学》（1944年，商务印书馆）；此外，还著有《西洋音乐史》等。作为作家，她出版有戏剧集《孔雀东南飞及其他独幕剧》（1930年，商务印书馆），剧本《饮马长城窟》（1947年，正中书局）、《春雷之夜》，散文集《山居散墨》（1937年，商务印书馆）、《袁昌英散文选集》（1991年，百花文艺出版社）、《行年四十》（1945年，商务印书馆）以及小说《牛》等；译有法国剧作家的剧本《玛婷：痛苦的灵魂》（1930年，商务印书馆）等。

沈从文先生在《湘人对于新文学运动的贡献》一文中，高度评价过袁昌英，说她是"湖南留法女作家最露面的一位"，也是"目前治西洋文学女教授中最有成就的一位"。

1957 年，袁昌英被打成"右派"，1970 年又被划分为"五类分子"，不仅不能上讲坛，而且连基本的生活保障都没有，最后在湖南老家带着诸多遗憾离开人世。

苏雪林

苏雪林（1897～1999），原名苏小梅，字雪林，安徽太平人；著名作家、文学家、武汉大学中文系教授；1921 年毕业于北京高等女子师范学校，后赴法国留学；1925 年回国，先后在沪江大学、安徽大学等校任教；1931～1949 年任教于国立武汉大学中文系；1949 年去了台湾，在老校长王世杰的帮助下重新走上讲台。

苏雪林在武汉大学执教 18 年，主要讲授中国文学史，基本国文和新文学研究。她除了教书之外，还从事文学创作和研究，一生笔耕不辍，成果丰硕。她的作品涵盖小说、散文、戏剧、文艺批评等，在中国古代文学和现当代文学研究中成绩卓著；学术专著有《二三十年代作家与作品》《中国文学史》《辽金元文学》《论中国旧小说》《我论鲁

苏雪林

迅》,古典文学论著《唐诗概论》,旧诗词《灯前诗草》,论文集《蠹鱼集》以及《苏绿漪佳作选》、《雪林选集》、《苏雪林山水画集》等;其他创作及专著还有历史小说集《蝉蜕集》,散文集《屠龙集》,散文评论集《蠹鱼生活》《青鸟集》,历史传记《南明忠烈传》,回忆录《文坛话旧》《我的生活》《我与鲁迅》《浮生九四》,戏剧集《鸠那罗的眼睛》等。

她是现代文学史上享年最长的作家之一,是集作家、学者、教授、画家于一身的中国文坛女杰。她一生执教五十年,笔耕八十载,著述65部,创作两千余万字,被誉为文坛的"常青树"。

20世纪30年代,她与冰心、凌叔华、冯沅君和丁玲一起并称为"中国五大女作家",曾被作家阿英称之为"女性作家中最优秀的散文作者"。她的作品多次入选中学国文教材。

凌叔华

凌叔华(1900~1990),原名凌瑞棠,笔名叔华;生于北京,原籍广东番禺;在"三女杰"中年纪最小;著名作家、画家。幼年她师从画家缪素筠、王竹林、郝漱玉等,跟随辜鸿铭学习英文;1922年入燕京大学外语系,并加入燕京大学文学会,开始创作;1926年毕业后,任职于北京故宫博物院书法绘画部门。1928年她随同丈夫陈源赴武汉大学,由于

凌叔华

学校不准夫妻双方同时在校工作,所以,在武汉大学期间她一直是一位家庭妇女,除了料理家庭,主要从事文学创作和绘画。

20世纪20年代,凌叔华与冰心、林徽因并称为"文坛三才女";1925年,因发表短篇小说《酒后》而一举成名。20年代中期到30年代中期,她发表了几十篇短篇小说,大多收入短篇小说集《花之寺》《女人》《小孩》《小哥儿俩》等中。其他作品还有《凌叔华短篇小说选》、《爱山庐梦影》(散文集)、《凌叔华选集》、《凌叔华散文选集》以及十二篇独幕剧、英文著作《古歌集》(又名《古韵》)等。

凌叔华长于表现女性,善于细腻的心理刻画,沈从文、苏雪林等作家把她比作"中国的曼殊斐尔"(曼殊斐尔是以细腻的笔法描写心理而闻名于世的英国女作家)。徐志摩评价凌叔华的作品《花之寺》"是一部成品有格的小说,不是虚伪情感的泛滥,也不是草率尝试的作品,它有权利要我们悉心的体会……作者是有幽默的,最恬静最耐寻味的幽默,一种七弦琴的余韵,一种素兰在黄昏人静时微透的清芬。"凌叔华还是一名画家,一生举办过许多次画展。

1949年新中国建立后,民国的"珞珈三女杰"选择了不同的去向。袁昌英和先生杨端六留在了武汉大学;苏雪林与留在大陆的先生分开,暂迁香港,后赴法国,1952年去了台湾;凌叔华与丈夫陈源到英国定居。

此后,袁昌英、苏雪林、凌叔华三人虽身居三地,相隔万里,但仍有书信往来。苏、凌二人联系频繁,1950年苏雪林从法国到英国看望过凌叔华。1957年,袁昌英被打成"右派",失去教授身份；1970年，又被作为"五类分子"遣送湖南醴陵原籍；1973年4月28日，含冤去世。噩讯传来，身在台湾的苏雪林"心碎肠断，哭了好一段日子"，先后发表了《哭兰子》《袁兰子晚年》等文章。1956年凌淑华经苏雪林推荐到新加坡南洋大学教授中国近代文学，1959年后数次回国观光，1989年底回国治病，1990年5月22日在北京石景山医院病逝。1952年苏雪林应聘为台湾省立师范大学教授，1957年在台南成功大学任教，1974年退休，1999年4月21日逝世于台南。

珞珈三女杰虽然离开了我们，但文艺界给了她们高度评价。著名女作家赵清阁说："没有她（苏雪林）和……凌叔华、袁昌英等先驱们的奋斗，便不会有后来妇女们的觉醒，也不可能争取到妇女的解放、自由、平等；尤其利用文艺为武器而获胜，因此她们的贡献是可贵的，卓有成效的。"

1932年12月7日胡适参加文学院的茶话会与会议代表合影

第一排左四为胡适，左五为苏雪林，左六为凌叔华，左七为袁昌英

4 哈佛三剑客：吴于廑、张培刚、韩德培

抗战胜利后，武汉大学从乐山迁回珞珈山。周鲠生校长为充实学校实力，提高师资水平，向海内外招聘名师。其中有来自留学哈佛的三位学者，他们是中国世界史学科的奠基人之一吴于廑，世界发展经济学的创始人张培刚和中国国际法学一代宗师、中国环境法学开拓者和奠基人韩德培。由于他们都来自哈佛大学，又年轻有为故被戏称为"哈佛三剑客"。

吴于廑（1913～1993） 说到吴先生，学校的师生就会想到"学大汉武立国"的故事。学校的牌楼"国立武汉大学"，倒过来念就成了"学大汉武立国"。

1950年，他在全校抗美援朝参军的动员大会上，以"学大汉武立国"为题，做精彩讲演，希望同志们学习大汉武帝的精神保卫国家，使师生员工深受鼓舞。

吴于廑，汉族，安徽休宁人；历史学家，教育家；1931年入苏州东吴大学历史系学习；1939年免试进入在昆明办学的西南联合大学南开经济研究所读研究生，研习经济史。1940年他以优异成绩考取清华大学第五届留美公费生，入哈佛大

吴于廑

学文理研究院，获文学硕士及哲学博士学位；1947年，应武汉大学校长周鲠生邀请，回国任武汉大学历史系教授，先后担任系主任、世界历史研究所所长、副教务长、副校长等职，兼任国务院学位委员会学科评议组成员，中国世界中世纪史研究会理事长，湖北省政协副主席，九三学社湖北省委主委等职。

吴于廑是新中国世界史学科的主要开创者和奠基人，通过他的努力，武汉大学在世界史这一学科领域里取得了国内公认的地位，对我国世界史学科建设做出了一系列开创性的贡献。

他先后与周一良、齐世荣先生共同主持了两批全国统编世界史大学教材（《世界通史》4卷本和《世界史》6卷本）的编纂，开创了国内对15、16世纪世界历史的研究。他通过系列论文《世界历史上的游牧与农耕世界》《世界历史上的农本与重商》《历史上农耕世界对工业世界的孕育》《亚欧大陆传统农耕世界不同国家在新兴工业世界冲击下的反应》，对整体世界史观进行了系统阐述，并运用新史观对人类的历史进行了宏观勾勒，这在我国世界史学界引起了强烈共鸣，被誉为"世界历史新理论在我国兴起"。

此外，他还在西方史学研究及史学名著编译、中西文化比较等诸领域多有成就。其代表性的成果有《世界通史资料选辑》（商务印书馆）、《外国史学名著选》（商务印书馆）、《大学世界历史地图集》（主编，人民出版社）、《古代的希腊和罗马》（中国青年出版社1957年版，三联书店2008年新版）、《吴于廑文选》（武汉大学出版社）、《十五十六世纪东西方历史初学集》及其《续编》（武汉大学出版社）；发表的论文有《世界史学科前景杂说》《从中世纪前期西欧的法律和君权说到日耳曼马克公社的残存》《略论关于封建主义基本经济规律的几个问题》《吉本的历史批判与理性主义思潮——重读〈罗马帝国衰亡史〉第十五、十六章书后》等。其中《世界通史》和《世界史》曾分别荣获教育部高等学校优秀教材一等奖。

学贯中西的他，才、学、识为学界广泛称道。历史学家齐世荣就曾经指出，改革开放以来，对世界史体系深入探讨的中国学者，以吴于廑先生的成就"最为突出"。著名美籍华人学者杨联陞对吴于廑的评价是："思能通贯学能副，舌有风雷笔有神，同辈贤豪虽不少，如君才调恐无伦。"

吴于廑（左）、唐长孺（右）在探讨学术

张培刚（1913～2011） 湖北红安人，著名经济学家；1934年毕业于武汉大学经济系；1941年赴美国哈佛大学学习，获经济学博士学位。其博士论文"Agriculture and Industrialization"(《农业与工业化》)获得1946~1947年度哈佛大学经济学专业最佳论文奖和"大卫·威尔士奖"(David A. Wells Prize,哈佛大学经济学科最高荣誉奖),成为获此殊荣的"东方第一人"。

在世界范围内,他是第一个对农业国的工业化问题进行专题研究的学者,在他的博士论文中他就农业国如何开展工业化建设提出许多独到而精辟的见解,这篇论文被收入《哈佛经济丛书》,还被国际学术界认为是"发展经济学"的奠基之作。从此,他也蜚声西方经济学界,成为世界上最早系统地探讨农业国工业化问题的经济学家,被誉为"发展经济学的创始人"。

青年时代的张培刚

1946年夏回国后,他任武汉大学教授、经济系主任;兼任中央研究院社会科学研究院研究员、联合国亚洲及远东经济委员会顾问。解放初期,任武汉大学校务委员会常委兼经济系主任,代理法学院院长。1952年在院系调整过程中,张培刚被调往华中工学院,负责建校规划工作;后任社会科学部主任,经济研究所所长。

他一生成果丰硕,主要有《清苑的农家经济》(商务印书馆,1936)、《广西粮食问题》(商务印书馆,1938)、《浙江省粮食之运销》(商务印书馆,1940)、《农业与工业化》(美国哈佛大学出版社，1949年英文版）、《宏观经济学和微观经济学》（合著，人民出版社，1980）、《发展经济学通论第一卷农业国工业化问题》（湖南出版社，1991）、《新发展经济学》（主编，河南人民出版社，1992）、《发展经济学与中国经济发展》（主编，经济科学出版社，1996）、《微观经济学的产生与发展》（湖南人民出版社，1997）等。

1989年，张培刚在《经济研究》和《经济学家》杂志上发表《发展经济学往何处去——建立新型发展经济学刍议》和《关于建立新型发展经济学的几个问题》两篇论文，提出要在新的时代条件下，建立新的发展经济学。因此，学界广泛认为，他在20世纪40年代，开启了发展经济学的研究；20世纪后期，又是他使发展经济学走出困境，并提出建立新型的发展经济学；因此，他是发展经济学当之无愧的创始人和泰斗。

韩德培（1911～2009） 江苏如皋人，著名法学家、教育家、社会活动家；1930年以优异成绩考入浙江大学史政系，半年后转入南京中央大学学习，改学法律；1934年获法学学士学位，并留中央大学工作。

1939年考取中英庚款留英公费生，因遇"二战"，1940年改赴加拿大多伦多大学学习，研究国际私法和英美普通法，获法学硕士学位。1942年他以特别研究生的身份转入美国哈佛大学法学院，研究国际

伏案工作的韩德培先生

私法、国际公法和法理学。

1946年,韩德培应武汉大学校长周鲠生之邀,到武汉大学任教,时年35岁,成为法律系最年轻的教授;1947年出任法律系主任,并被推举为学校教授会主席。新中国成立初期,他除了继续担任法律系主任外,还兼任校务委员会委员兼副秘书长,协助管理全校的日常工作;1951年转任副教务长,主管学校教学工作。1957年他被错划为"右派",蒙受不白之冤;1978年"右派"问题彻底被平反。1979年,学校决定恢复法学教育,他负责重建武汉大学法律系。在他的带领下,学校不久创建了中国高校第一个专门从事国际法研究的学术机构——武汉大学国际法研究所,后又与中国环境科学研究院合作组建了中国乃至亚洲第一个专门研究环境法的学术机构——武汉大学环境法研究所。

他在国际私法、环境法、国际公法、法理学及法学教育等领域均取得了卓越成就,先后主编或撰写有《人权的理论与实践》《现代国际法》《中国冲突法研究》《中国环境法的理论与实践》《国际私法新论》《国际私法学》等著作。他主编的《国际私法》《环境保护法教程》曾经是全国该领域的第一本统编教材;参与撰写的《美国国际私法(冲突法)导论》,开启了按国别研究国际私法的先河;主编的《国际私法新论》建立了新的国际私法理论体系,其中提出的有关国际私法范围的"一体两翼"论被国内外广泛引用。1993年,他在中国国际私法学会上牵头成立了《中华人民共和国国际私法示范法》(简称《示范法》)起草小组。该《示范法》六易其稿,历时七年,开我国民间性专家立法之先河,其英文版和日文版相继在国外出版发行,在国际上产生了重要影响,被海牙国际私法会议秘书长范·鲁先生誉为"中国国际私法学界对世界国际私法学的一大贡献"。因此,他被公认为中国国际法学一代宗师、中国环境法学开拓者和奠基人。

韩德培曾任国务院学位委员会法学学科评议组第一、第二届成员,第三届特约成员,国务院经济法规研究中心顾问,国家环境保护总局顾问,中国法学会顾问,中国国际法学会副会长,中国国际私法学会会长,中国环境与资源法学研究会会长,中国国际经济贸易仲裁委员会顾问等职。

他一生献身武汉大学,执教64载,先后培养了200多位法学硕士和博士研究生,可谓桃李满天下。

5 中国病毒学的奠基人:高尚荫

高尚荫(1909~1989),男,生于浙江省嘉善县的一个书香世家。1916年,高尚荫进入陶庄学校接受启蒙教育;1926年中学毕业后考入苏州东吴大学生物学系;1930年获得东吴大学理学学士学位,同年,获得了美国佛罗里达州劳林斯大学的奖学金赴美国学习,一年后获得文学学士学位;1931年秋,他转到美国耶

青年时期的高尚荫

鲁大学研究生院攻读研究生；1933年获洛克菲勒基金会奖学金，师从L.L.伍德拉夫（Woodruff）教授，开始攻读博士学位。1935年年初，他完成毕业论文《草履虫伸缩泡的生理研究》，经过答辩获得耶鲁大学理学博士学位。

1935年2月，高尚荫在英国伦敦大学研究院从事科学研究；8月回国，受聘于国立武汉大学，成为学校当时最年轻的教授。从1935～1945年，他先后讲授过普通生物学、原生动物学、无脊髓动物学、微生物学、土壤微生物学等课程；还积极从事科学研究工作，先后在《中国生理学杂志》《武汉大学学报》《新农业科学》《德国原生物》《科学》等国内外刊物上发表了有关原生动物生理学和微生物固氮菌方面的研究论文20余篇。1945年，他利用两年学术休假的时间第二次来到美国，在美国著名生物化学家、诺贝尔奖获得者斯坦尼（W. M. Stanley）的实验室从事病毒学研究工作；1947年回国，在武汉大学继续从事教学和科研工作。此时，他创办了我国第一个病毒学研究室，成为我国最早开展病毒学研究的专门机构之一。

1951年高尚荫被评为武汉市劳动模范和模范教工。1952年，他加入了中国民主同盟。1956年，他被评为一级教授并加入了中国共产党。他先后担任过武汉大学生物学系主任、病毒学系主任、病毒学研究所所长、教务长、副校长。

1942年他开始招收研究生；1955年，主持创办了国内大学中第一个微生物学专业，至今这个专业仍然是国内学术水平和实力最强的专业之一。20世纪70年代,国内众多科研机构、大专院校、医疗单位及防疫部门迫切需要经过系统培养的病毒学专门人才。经过他的努力,在学校的大力支持下,他率先在全国创办了第一个病毒学专业,并于1976年开始招生。目前,武汉大学病毒学专业是博士后流动站和国家的重点学科点,成为我国培养病毒学专门人才的主要基地。

20世纪50年代,高尚荫应用昆虫单层组织培养法研究昆虫病毒;50年代中期开始对我国重要的经济昆虫——家蚕的核型多角体病毒病进行系统研究,开创了中国昆虫病毒研究的历史;60年代进行了昆虫病毒形态结构研究,1962年科学出版社出版了他的《电子显微镜下的病毒》,这是我国最早的系统描述病毒形态结构的专著,并于1963年、1965年两次再版。1963年,高尚荫领导的研究小组应用电子显微镜对昆虫病毒的形态结构进行了研究,在世界上第一次发现了这类病毒的帽状结构;70年代他又进行了昆虫病毒病原分离鉴定和生物防治研究;80年代进行了昆虫病毒基础理论及分子生物学研究;90年代进行了昆虫作为外源基因载体表达以及基因工程病毒杀虫剂的构建研究;其研究成果都达到了国际先进水平。

1978年完成的菜粉蝶颗粒病毒的理论和应用研究是国内外最详尽、最集中的研究,在此基础上研制的菜青虫颗粒体病毒杀虫剂是我国第一个经过国家科委鉴定的病毒杀虫剂。凝聚着他的心血的研究成果——《昆虫病毒理论及应用基础研究》，1990年被国家教育委员会评为科技进步一等奖，并获1991年国家自然科学二等奖（一等奖空缺）。1978年，他的"昆虫病毒单层组织培养的研究"获得全国科学大会重大成果奖和湖北省重大科技成果奖。

同时，高尚荫还结合我国国情，指导研究那些与我国国民经济发展密切相关的科研课题；亲自参加和直接指导了烟草花叶病毒研究、流感病毒研究、鸡新城疫病毒研究、家蚕脓病病毒研究、肿瘤病毒病因研究和十几种昆虫病毒的基础理论及应用技术研究。在他的指导下，我国第一个病毒杀虫剂——菜青虫GV杀虫剂试生产已经完成，应用面积已达100万亩。防治蔬菜害虫的小菜蛾GV杀虫剂，防止粮食作物害虫的粘虫NPV等都进入了大田试验，产生良好的经济效益、社会效益和环境效益。

他一生在国内外刊物发表学术论文110多篇，出版著作5部。其著作有《电子显微镜下的病毒》《微生物学进展》《中国病毒学研究三十年》《生命科学在前进——病毒研究集刊》《昆虫病毒理论及应用基础研究》等。

1980年，他被选聘为中国科学院学部委员（院士），并先后兼任中国科学院武汉微生物研究室主任、武汉微生物研究所和武汉病毒研究所所长、中国科学院武汉分院副院长；还担任过国务院学位委员会生物学科评议组副组长、教育部学位与研究生教育发展中心生物学科评议组组长等职。另外，他还担任过《病毒学杂志》、教育部《自然科学学报》、《生物学报》、《武汉大学学报》（自然科学版）的主编及《病毒学报》的顾问等职。

1981年，美国劳林斯大学授予高尚荫荣誉科学博士学位。他先后九次应邀参加国际学术会议、出国访问和考察，与美国、瑞典、日本、德国、匈牙利、保加利亚、罗马尼亚、波兰、前捷克斯洛伐克等十几个国家的学术界进行了学术交流活动，为促进中国人民和世界各国人民之间的友谊和发展国际科技文化交流做了大量的工作。

高尚荫先生是著名的微生物学家、病毒学家，中国病毒学的奠基人之一，创办了我国最早的病毒学研究机构和我国第一个微生物专业、第一个病毒学专业。1958年他完成的"培养家蚕病病毒的组织培养方法研究"是无脊髓动物组织培养和昆虫病毒研究中的开创性工作，其《昆虫病毒理论及应用基础研究》在国内外产生了重要影响，对中国微生物学和病毒学事业的发展产生了重要影响。

1989年4月23日因心脏病突发，多方抢救无效与世长辞。

6 中国摄影测量与遥感学科的奠基人：王之卓

王之卓（1909～2002），男，航空摄影测量与遥感专家，出生于直隶省（今河北省）丰润县（今属天津市宁河县）一书香世家；1916～1920在丰润县东丰台镇读小学；1922～1928先后在江苏省东南大学附中、江苏省海门县中学、江苏省立南通中学读中学。

1928年，在南通中学王之卓以优异的成绩被上海交通大

王之卓

学录取，攻读土木工程专业；1932年以全校第一名的成绩毕业。1934年他获得第二届中英庚款公费留学的资格，8月进入英国伦敦大学帝国学院测绘专业学习。1935年在李四光的帮助下，王之卓转到德国柏林高等工业学校测量系学习；1937年7月获取了特许工程师文凭，同时开始攻读航空摄影测量工学博士学位，师从德国著名摄影测量学家拉赫曼教授（1877~1961）。1939年，他顺利通过了博士论文答辩，获得工学博士学位，其博士论文《利用立体测图仪进行空中三角测量时系统的比例尺及交向误差的影响》被评为优秀论文。1939年4月，王之卓经新加坡抵香港，回到处在抗日烽烟中的祖国；8月受聘于当时内迁云南昆明澄江镇的中山大学，任土木工程系教授，讲授测量平差等课程。

1940~1943年，王之卓在四川北碚的中国地理研究所大地测量组任副研究员；1941~1943年还在四川南溪李庄的同济大学测量系任兼职教授，讲授航空摄影测量等课程；1943年10月赴贵阳出任国民政府军令部第四厅（后易名为陆地测量局）测量技术室主任、测量监（同少将衔），主管测量技术问题。1944年王之卓受陆地测量局委派参与商谈及签署"中美航测合作合同"；1946年到上海交通大学任工学院院长；

1948年夏出任上海交通大学校长。

1949年5月上海解放前夕，他与同济大学、复旦大学、国立上海医学院等五校的校长巧妙摆脱国民党当局的胁迫，坚持留在上海迎接解放。1949年5月27日上海解放，王之卓担任了上海交通大学教授、校务委员会常委。1952年，国家进行院系调整，王之卓被调往青岛，任青岛工学院教务长。1955年春，国务院决定集中全国有关高等院校的测绘专业创办一所民办测绘高等学校。王之卓担任了武汉测量制图学院筹委会委员，负责筹建武汉测量制图学院的航测与制图系。1956年9月1日，武汉测量制图学院建成，王之卓为首任航测与制图系系主任，此年他被评为一级教授。1963年他任武汉测绘学院副院长；1969年11月，武汉测量制图学院被撤销，中国科学院测地所被改名为武汉地震大队；1970年，王之卓被分配到武汉水利电力学院刻中文讲义蜡纸。1974年，王之卓回到重建的武汉测量制图学院。1978年他任武汉测绘学院测绘科学研究所所长；1980年10月，王之卓被重新任命为武汉测绘学院副院长。1980年经国务院批准，他被中国科学院增补为地学部学部委员。1981年他任国务院学位委员会第一届学科（工学）评议组成员并成为国务院学位委员会批准的我国首批博士生导师。1984年8月，他任武汉测绘科技大学名誉校长；1991年获国务院政府特殊津贴；1998年国务院对中科院院士和中国工程院院士实行资深院士制度，王之卓成为中国科学院首批资深院士之一。

为推动航测专业发展，他亲自给本科生授课，做研究生的导师。1974年，王之卓回到重建的武汉测量制图学院后，他为航测系制定了解析空中三角测量、近景摄影测量、摄影测量自动化、数字地面模型、遥感及其应用新的五大研究方向，并担任这些课题组的指导工作，亲自撰写一些研究方案。1975年，他主持了"航带法区域网电算加密"的研究，编制的"航带法区域网平差"程序是我国最先编制出来的航测软件。该项成果多次在全国性的培训班推广，成为我国航测生产的主要方法。他开设了"航测新技术"专业课程，编著了《航空摄影测量补充讲义》，主编了《航测仪器资料汇编》一书，1978年他出版的《摄影测量原理》一书长达60万字，迅速成为我国摄影测量教学、科研、生产的重要参考文献。1980年，武汉测量制图学院航测系成立了遥感教研室，开设了遥感技术基础、遥感图像的几何处理、数字影像处理等课程，开展遥感技术应用方面的研究，提出了测绘科学内部各专业向综合发展的趋势、"人工智能"与"专家系统"在测绘中应用以及"影像信息学"等问题。

王之卓在中国率先提出要发展"数字摄影测量"，他说："全数字化自动测图，将是测量界一次方向性的变革，全世界都将走这条变革之路。"他还为我国描绘了摄影测量学科发展的总趋势：数字摄影测量—遥感技术—空间信息系统。在他的坚持下，1980年该设想被列入国家重点科研项目。同时又将该项目进行产业化和国际化，研制的"数字摄影测量工作站—VirtuoZo"由澳大利亚VSI公司和全球20多个代理商进行国际销售，实现了我国测绘高科技产品在世界上占一席之地的理想，此产品在国际上享有很高的声誉。

他"爱才、育才、不忌才"，言传身教，为我国培养出一批批学术带头人，如院士李德仁、刘先林、张祖勋，长江学者首批特聘教授龚键雅、潘和平等，他们都曾是他的学生和助手。

他一生豁达大度，清气若兰；宁静淡泊、勤勉认真。他曾多次将所获各种奖励金捐给学校，他将1982年所获全国优秀科技图书一等奖奖金、1988年所获全国高校优秀教材特等奖奖金、1993年所获国家自然科学二等奖奖金捐给学校修路，将1998年获陈嘉庚地球科学奖的奖金用于设立贫困大学生奖学金。他一生获奖颇多，主持研究的"航带法区域网电算加密程序"获湖北省科学大会奖；《摄影测量原理》一书获全国优秀科技图书一等奖、全国优秀测绘教材一等奖、全国高等学校优秀教材特等奖；《摄影测量原理续篇》获国家测绘科技图书一等奖；"全数字化自动测图系统"获国家教育委员会科技进步一等奖；主持完成的"专业改革系统工程——由航空摄影测量专业发展为摄影测量与遥感专业"荣获国家教委普通高等学校优秀教学成果优秀奖；《全数字化自动测图的理论与方法》获国家自然科学二等奖；1997年荣获第七届陈嘉庚地球科学奖等。

他从1947年出版《测量平差法》一书以来，笔耕不辍，一生出版的主要著作有《航空摄影测量学》《测量实习》《大地测量学》《平面测量教程》《实用天文学》《立体摄影测量学》《摄影测量仪器学》《摄影测量学》《立体摄影测量学》

《摄影测量原理》《摄影测量原理续篇》等。

他曾多次作为中国代表团团长，带领中国测量制图学会赴瑞典、捷克、德国、英国、法国、巴西、尼泊尔、日本等国参加国际摄影测量大会或考察。

王之卓作为中国摄影测量与遥感学科的奠基人、杰出的科学家，在国内外享有崇高的声誉，在我国摄影测量学科发展的各个阶段，他始终站在学科发展前沿，引领学科发展方向，奠定学科理论基础，并以其杰出的研究成果，拓宽和丰富了学科视域和服务领域。作为一名优秀的教育家，他是我国测绘教育事业的主要奠基人之一，先后担任几所高等学校的领导职务，一生都奋斗在教育工作第一线。在长期的教学实践中，他十分注重对学生能力的培养，提倡知识传授与能力培养并举。他身体力行、言传身教，为我国培养了一大批优秀的测绘、遥感和GIS人才。作为著名的社会活动家，他长期担任全国人大代表，湖北省政协副主席、常委和湖北省人大常委会副主任等职。在任期间，他忠于宪法，忠于人民，积极参政议政，行使国家权力，为国家经济建设和社会发展献计献策，实事求是，坚持真理，认真负责地行使人民赋予的权力，受到大家的尊敬与爱戴。

2002年5月18日6时20分，93岁的王之卓含笑辞世。

7 中国杰出的数学家：李国平

李国平（1910~1996），男，曾用名李海清，字慕陶，出生于广东省丰顺县。10岁前他在乡间读私塾,师从当地有名的学者李福田先生;11岁时随伯父李介丞到广州,进南海第一高小学习,后又考入广东省高等师范附设师范附中。

李国平

1927~1929年,李国平就读于中山大学预科;1929年8月,考入中山大学数学天文系;1933年毕业后被聘为广西大学数理系讲师;1934年8月至1937年7月,以中山大学教师身份派往日本东京帝国大学读研究生;1937年8月由中华教育文化基金委员会派赴法国巴黎大学庞加莱研究所做研究;1939年11月,回国任四川大学数学系教授;1940年8月转入时在四川乐山的武汉大学任数学系教授。

新中国成立后,李国平致力于新中国的科学和教育事业,为我国科学和教育事业的发展做出了卓越贡献。作为一名数学家,李国平在数学园地辛勤耕耘了60余年,在函数论与数学、物理等方面的许多分支学科做出了重要贡献,先后发表重要学术论文80多篇,撰写出版了《半纯函数的聚值线理论》《自守函数与闵可夫斯基函数》《数理地震学》《一般相对性量子场论Ⅰ,Ⅱ》《数学模型与工业自动控制1~3卷》等学术著作11部。

早在青年时期,李国平就以函数论研究的突出贡献而享誉海内外。他提出的"有限级与无穷级半纯函数的波莱尔(Borel)

方向与填充圆的统一理论""关于幅角分布理论以及对奈望林纳（Nevanlinna）基本不等式的强化"，尤其是整函数与半纯函数理论中关于级与型的概念和辐角分布理论等，使这一领域的理论更加完善精密，引起了国际数学界的注目。

在"半纯函数的唯一性问题""有理函数表写问题""整函数论在函数序列的封闭性问题上的应用""伴随（及强伴随）维尔斯特拉斯（Weierstrass）函数""整函数的拉格朗日（Lagrange）插值收敛性""解析函数的多项式副近"等问题上，李国平做出了一系列卓有成效的研究。

在准解析函数理论方面，他给出了统一的序列规则化和函数族规则化准则，建立了一套新的准解析函数理论，并以这套理论为基础得出了若干新的准解析函数族，论证了全纯函数族H1与准解析性的关系。此外，他还研究了该理论在常微分方程组准解析解方面的应用。

李国平十分重视微分与差分方程的理论及其应用工作，他不仅研究了与此有联系的自守函数、闵可夫斯基——当儒瓦函数问题，而且将自己关于半纯函数、整函数的研究成果应用于常微分方程和差分方程的研究，并研究了将函数构造理论的结果应用到微分方程理论中的问题。

1958年以后，李国平除了对函数论的研究外，主要精力集中于数学与物理科学、生物科学结合以及数学与计算机、系统科学相结合的工作上，并取得了一系列的重要研究成果。

在科研活动中，李国平注重理论联系实际，强调数学在国民经济中的应用，倡导加强数学与其他学科的结合。60年代初，李国平从实际出发大胆地提出"一个主体，两个翅膀"发展数学科学的科研设想："一个主体"是指通过数学、计算机科学与系统科学的结合，发展数学、应用数学与计算数学，并开发系统科学的基础理论。"两个翅膀"，一是数学与物理科学（包括天文学、地学、化学乃至工程技术等）相结合，研究宏观与微观物理现象的数学规律，为物理科学服务；二是数学与生物科学相结合，研究运动形式的发展，特别是生物运动和生命运动的数学规律性，为生物科学乃至系统科学服务。通过这些方法来探索数学应用的具体途径，反过来又为研究纯数学提供新的内容、概念和方法，这样数学便在"两翼"中得到广泛的应用和检验，从而发展数学本身。

为了推动数理科学的发展，李国平花了较大的心血来进行科技队伍的培养和科学研究机构的组建。李国平一直关心微分方程的解析理论以及这门学科的广泛应用背景，从40年代起就让他的学生注意这一领域的研究进展。新中国成立后，他更着意于为我国建立一支微分方程的研究队伍。1954年，他受国家教育部的委托，在北京举办了微分方程讨论班，并亲自主讲了"常微分方程"的理论部分。1956年，他参加了由周恩来总理亲自主持召开的"全国科学远景规划会议"，是数学组、计算技术组、半导体组和自动化组的成员。1957年7月，他创立了中国科学院武汉数学物理与计算机技术研究所，并积极参与中国科学院武汉分院的筹建工作。1979年，李国平重建了中国科学院武汉数学物理研究所,聚集了一批中青年专家。他又创办了国家科委武汉计算机培训中心(后改为国家科委管理学院),创办或恢复了《数学物理学报》等高层次学术刊物,组建了"中国系统工程学会"等学术组织,1979年和1982年他还主持召开了全国第一、第二次"数学物理学术讨论会"。

李国平是著名的科学家,也是功绩卓著的教育家。从30年代初开始,他先后在广西大学、四川大学和武汉大学担任讲师和教授,培养造就了大批人才,堪称桃李满天下。在教学中,李国平重视理论联系实际,坚持学生自学为主、教师讲授指导为辅的教学方法,还主张学生对老师不盲从,鼓励学生独立工作,他的学生大多知识面广,适应力强,几乎遍布数学学科乃至计算机科学、系统科学等许多领域。

1955年李国平当选为中国科学院学部委员;1956年加入中国共产党,曾被选为全国先进工作者,是第四、第五、第六届全国人大代表;1977年参加全国基础学科规划预备会和全国基础学科规划会,任数学组副组长;1977～1984年他曾担任过武汉大学副校长、校务委员会副主任、数学研究所所长等职;1956年受中国科学院委托,组建中国科学院武汉数学研究室与中国科学院数学计算技术研究所,并兼任所长;1979年被任命为中国科学院武汉数学物理研究所所长,1986年后改任名誉所长。1991年,他兼任中国科学院武汉物理所波谱与原子分子物理国家重点实验室的顾问与研究员。他还曾担任中国数学会理事、常务理事，中国系统工程学会副理事长，湖北省科学技术协会副主席，并且是《数学物理学报》主编和《数学年刊》副主编。他曾参加历次数学、计算机、自动化等科学远景规划工作。

在国际学术交流方面，1956年他被聘为东德的《数学辞典》编委，负责撰写《准解析函数理论》部分；曾应东德邀请，在柏林大学讲过学，做过关于《全纯函数序列的封闭性》的报告。

李国平一生为人正直，志趣高雅。他还是一位出色的诗人和书法家，工作之余尽情地在诗词、书法、海洋泛舟，曾有"西风响松柏，群山为我俦"的妙句。在40岁以前，他就作诗百余首并编成《慕陶室诗稿》，以后又编有《海涛集诗抄》、《梅香斋词》等。他还致力于词的创作研究，打破了历史认为"词为诗余"的传统看法，提出"词非诗余，实为诗宗"之说，并撰有《词中诗辑要》和《苏东坡诗中词百首》以论证其观点。

1996年2月8日，李国平先生逝世，享年86岁。

8 与陈寅恪并驾齐驱的学者——唐长孺

唐长孺（1911~1994），江苏吴江人，著名历史学家。1932年唐长孺毕业于上海私立大同大学文科；后担任过上海私立光华大学讲师，湖南国立师范学院副教授；1944年任国立武汉大学文学院史学系副教授，两年后晋升为教授。新中

青年时期的唐长孺

国成立后,他被评为国家二级教授,在武汉大学任教长达50年,担任过武汉大学中国古代史教研室主任,中国三至九世纪研究所所长,两任历史系主任;早年从事中国辽、金、元史的研究。1944年后,他专注魏晋南北朝隋唐史,并从事敦煌吐鲁番出土文书的整理和研究;1955年以来,招收并培养了多批研究生;1981年开始指导培养中国古代史的博士生。

作为一名有声望的学者,一生出版的著作丰厚。具有代表性的作品有《魏晋南北朝史论丛》(三联书店1955年版)、《唐书兵志笺正》(科学出版社1957年版)、《三至六世纪江南大土地所有制的发展》(上海人民出版社1957年版)、《魏晋南北朝史论丛续编》(三联书店1959年版)、《魏晋南北朝史论拾遗》(中华书局1983年版)、《中国古代史讲座(魏晋南北朝隋唐史部分)》(求实出版社1987年版)、《山居存稿》(中华书局1989年版)、《魏晋南北朝隋唐史三论》(武汉大学出版社1993年版)等。

唐长孺在古籍整理与研究方面,成就卓著。20世纪60年代,受国家教育部委托,主编有《中国通史参考资料》(魏晋南北朝分册），主持并参加二十四史中北朝《魏书》《北齐书》《周书》《北史》四史的标点校勘工作（与陈仲安先生合作，中华书局1971—1974年版）。70年代，在他的倡议下，国家开始了对吐鲁番墓葬出土文书的整理研究，他被国家文物局聘任为"吐鲁番出土文书整理小组"的组长。经过十年寒暑，终于整理出版了由他主编的《吐鲁番出土文书》文录本1～10册、图录本4册。该成果曾获国家古籍整理特别奖、第一届中国社科基金项目一等奖的殊荣。在此基础上，他又主编出版有《敦煌吐鲁番文书初探》（武汉大学出版社1983年版）、《敦煌吐鲁番文书初探二编》（武汉大学出版社1990年版）等。

在唐长孺先生诞生100周年之际，由唐先生的高足武汉大学历史学院冻国栋教授主持编辑出版的《唐长孺文集（套装全8册）》，于2011年由中华书局出版。文集包括：第一卷《魏晋南北朝史论丛》、第二卷《魏晋南北朝史论丛续编》《魏晋南北朝史论拾遗》、第三卷《山居存稿》、第四卷《魏晋南北朝隋唐史三论》、第五卷《唐书兵志笺正（外2辑）》、第六卷《山居存稿续编》、第七卷《山居存稿三编》和第八卷《讲义三种》。

作为一名学界名人，一生有诸多社会兼职，他曾任国务院学位委员会历史学科评议组成员、国家文物管理局古文献研究室主任、中国社会科学院历史研究所研究员、中国史学会理事、中国唐史学会会长、中国敦煌吐鲁番学会副会长、中国魏晋南北朝史学会顾问、江苏六朝史学会名誉会长、湖北省中国史学会会长、湖北省考古学会理事长、九三学社中央委员、九三学社武汉市副主任委员等职务。

唐长孺先生的史学研究涉及的领域非常广泛,包含政治、经济、军事、制度、民族、学术、中西交通等诸多方面,各个方面均有重要论述。单就魏晋南北朝史而论,有人说他的贡献是在陈寅恪先生之上的,至少是并驾齐驱的。唐长孺先生去世后,周一良、田余庆二位先生曾合写一副挽联悼念他,上联是:"论魏晋隋唐,义宁而后,我公当仁称祭酒",下联是:"想音容笑貌,珞珈在远,吾侪抆泪痛伤神。"他们高度评价了唐长孺先生在史学界的地位。

9 历史地理学的一枝独秀:石泉

石泉(1918~2005),字蘧孙,著名历史地理学家;生于北京,祖籍安徽贵池;1925~1928年入北京师范大学附属小学读书;1929~1932年过继给六叔祖刘世瑗为嗣孙,改名刘适,不久南下上海;1932年回北平,相继入成城中学、精业中学、北平市立第四中学读初中;1935~1938年,先后在北平汇文中学、育英中学读高中。

1938~1941年,石泉在北平燕京大学历史系读书,之后

石泉

到福建、江西工作过一年半。1942年9月，内迁成都的燕京大学重建，他回校复学。1944年春，他在徐中舒先生指导下撰写本科毕业论文《春秋吴师入郢地名新释》；6月，获学士学位。1944年9月至1948年8月，他相继在成都、北平燕京大学研究院攻读研究生，师从陈寅恪教授；硕士学位论文题为《中日甲午战争前后之晚清政局》，于1948年夏天完成答辩。

1948年8月，进入华北解放区，在位于正定县的华北大学一部十三班（政治班）学习，改名为"石泉"。1949年1月至1954年1月，他参加接管北平工作，相继任北京市军管会文化接管委员会军官联络员，华北高等教育委员会副科长，教育部高教司副科长、科长、秘书，高教部教学指导司研究员。

1954年2月，石泉由高教部调到武汉大学历史系工作，任讲师，开始了他一生的教学和科研工作，讲授宋辽金元史、中国近代史等课程。1961年他在学校开始讲授中国历史地理专题，开设史学名著选读等课，讲授《汉书》、《三国志》、《史记》与《资治通鉴》等；同时从事历史地理的研究工作，先后发表《古郢都、江陵故址新探》《湖北宜城楚皇城遗址初考》等论文。1964年石泉开始致力于古郢都、江陵城之相关问题的探索以及古云梦泽问题。"文革"时他被打成"黑帮"受到冲击；1970年在武汉大学沙洋分校接受"劳动锻炼"。

1972年10月，石泉回到武汉大学历史系，恢复了教学和研究工作，1978年5月晋升为副教授，1980年5月晋升为教授。1981年，他担任中国古代史专业历史地理方向硕士研究生导师，开始招生研究生。1983年秋，学校获国务院学位委员会的批准，建立武汉大学历史地理硕士点；1984年学校又创办荆楚史地与考古研究室，石泉担任主任。同年9月，学校又建立历史地理学博士点，是国务院第二批审批的博士点授权单位，石泉担任博士生导师。1992年12月，石泉获国务院授予的"有突出贡献的专家"称号，享受政府特殊津贴。2004年9月，他被评为武汉大学人文社会科学资深教授。

自恢复教学和研究工作以来，石泉先后讲授湖北古代地理、中国历史文选、古代荆楚地理专题、历史地理专业史料学等课程；编撰有《湖北古代地理概述》、《古代荆楚地理新探》、《古云梦泽研究》（与蔡述明合著）、《古云梦泽故址新探》、《楚国历史文化辞典》、《甲午战争前后之晚清政局》、《古代荆楚地理新探·续集》等书，发表了《先秦至汉初"云梦"地望探源》《古代曾国—随国地望初探》《古文献中的"江"不是长江的专称》《古邓国、邓县考》《古鄀都、江陵故址新探》《古竟陵城故址新探》《齐梁以前古沮（雎）、漳源流新探——附荆山、景山、临沮、漳乡、当阳、麦城、枝江故址考辨》《楚都丹阳地望新探》等系列学术论文。

他的专著《古代荆楚地理新探》获"首届全国高校人文社会科学研究优秀成果奖二等奖"；主编的《楚国历史文化辞典》获国家新闻出版总署"第二届国家辞书奖三等奖"，与蔡述明合著的《古云梦泽研究》获教育部"普通高等学校第二届人文社会科学研究成果奖二等奖"，专著《甲午战争前后之晚清政局》获"湖北省社会科学优秀成果奖荣誉奖"。

1987年石泉赴美国进行学术交流活动，先后访问哈佛、普林斯顿、哥伦比亚、西东、加州（柏克莱）等大学，作有关楚史和荆楚历史地理的学术报告。

石泉先生是我国著名的历史学家、历史地理学家。半个多世纪以来，他悉心探索，逐步建立起一整套古代荆楚地理的全新解说体系，自成一家之言。他先后出版的《古代荆楚地理新探》等专著，和发表的《古文献中的"江"不是长江的专称》等数10篇论文，开创了荆楚历史地理研究的新局面，在国内外学术界引起了广泛关注，在历史地理学界享有盛誉，同时，他被同行专家评价为"我国历史地理学界的老一辈享誉国内外之著名学者"。他是武汉大学历史地理学科的创立者与奠基人。在他的主持下，武汉大学历史地理学科在楚国历史地理与文化、长江中游经济开发、环境演变与社会变迁、楚地出土简帛文献等领域都取得了一系列研究成果，这些成果在国内处于领先地位、并引起国际学术界广泛关注。他还培养了一批学风严谨、思路开阔、具有较强理论与学科知识素养的中青年学者，建立起一支结构合理、团结创新的学术队伍。

石泉先生还是著名的社会活动家。早在青年时代，他就投身民主运动，一生追求进步。他政治立场坚定，与中国共产党肝胆相照，长期担任中国民主促进会武汉市委员会、湖北省委员会的领导工作。他历任中国民主促进会第七、第八、第九届中央常委，中国民主促进会湖北省委员会第一、第二届主任委员，中国民主促进会湖北省委员会第三、第四届名誉主任委员、第五届主任委员等职务；积极参政议政，历任第七届全国政协委员、第八届全国政协常委、湖北省政协第六、第七届副主席等职务。

2005年5月4日，石泉先生因病辞世，享年88岁。

附：大事年表

1893年，学校最初前身自强学堂成立。

1902年，自强学堂改名为方言学堂。

1911年，方言学堂被省府当局以经费困难为由强令停办。

1911年，辛亥革命在武昌爆发，方言学堂的学生与革命党人并肩作战，全力相助孙中山先生的革命事业，多名学生被誉为"武昌首义有功人员"。

1913年，教育部令贺孝齐以原方言学堂的校址、师资等为基础筹建国立武昌高等师范学校。

1919年"五四运动"爆发后，武昌高等师范学校学生积极响应并开展了轰轰烈烈的反帝爱国运动。

1919年6月1日凌晨，反动政府派出大批军警严禁学生外出演讲，并对手无寸铁的学生大下毒手，多名学生被刺刀戳伤，这就是学校历史上的第一次"六一惨案"。

1923年9月，国立武昌高等学校改名为国立武昌师范大学。

1924年9月,学校由国立武昌师范大学改为国立武昌大学,石瑛任校长。

1926年,国立武昌大学、国立商科大学、省立医科大学、省立法科大学、省立文科大学以及私立文华大学等合并,建立国立武昌中山大学。这是学校历史上的第一次大调整。

此时,中国共产党"一大"的5位代表陈潭秋、董必武、李达、李汉俊、周佛海齐集武昌中山大学。

1927年,汪精卫公开叛变革命,大批革命志士惨遭杀害。反动派在校园里制造白色恐怖,对国立武昌中山大学的学生进行镇压,李汉俊、周达三、林可彝等多名师生惨遭杀害。

1928年7月,南京国民政府决定彻底改组国立武昌中山大学,组建国立武汉大学;由湖北省教育厅厅长刘树杞为学校代理校长;李四光为委员长的新校舍建筑设备委员会,开始在东湖珞珈山一带勘察新校址,决定在此建校。新校舍建筑设计全部由美国建筑师开尔斯完成。

1929年5月,法学博士王世杰正式就任国立武汉大学校长。

1932年春,新校舍基本落成,5月举行落成典礼。

1933年,王世杰升任教育部部长,由化学家王星拱任校长。

1934年,国立武汉大学设立法科、工科研究所,开始了研究型大学的建设。

1935年,国立武汉大学首次招收2名硕士研究生。

1936年,国立武汉大学农学院正式建成。学校已有文、法、理、工、农五大学院。

1937年，试行与国立中央大学、国立北京大学、国立清华大学、国立浙江大学统一招生，故被称为"民国五大名校"。

1938年初，武汉处于日寇三面包围中，学校决定西迁四川乐山，7月迁校基本完成。

1938年5月，周恩来移居珞珈山。在武汉期间，他三次来到学校做演讲，宣传抗日路线，鼓励青年学生到前线去。

1939年8月19日，36架日军飞机轰炸乐山，投掷燃烧弹，全城被毁。散居在乐山城内的学校师生，难逃此劫。学校师生共死亡15人，受伤18人，衣物、书籍等损失不计其数。

1941年，与国立中央大学、国立西南联合大学、国立浙江大学实行统一招生，故被称为"民国四大名校"。

1942年，学校增设文科、理科研究所，研究生的招生规模进一步扩大。

1944年，英国剑桥大学李约瑟博士到学校参观、访问，高度肯定了学校的办学成就。

1945年6月，王星拱调任国立中山大学校长，由法学家周鲠生任国立武汉大学校长。

8月，日本宣布无条件投降，学校准备迁回武汉，9月1日成立了复校委员会。

1946年10月31日，学校迁回珞珈山，全校师生举行了开学典礼，同年恢复了农学院。

1947年，学校创办了医学院，实现了王世杰校长创办文、法、理、工、农、医六大学院的理想。

1947年6月1日凌晨3时，国民党军队、警察、特务、宪兵数千人全副武装包围了珞珈山，搜捕进步学生，学生们奋力反抗。遍布宿舍上下的军警一起开枪，对学生进行血腥屠杀，这就是震惊中外的"六一惨案"，也是学校史上第二次"六一惨案"。此次惨案中，历史系一年级学生黄鸣岗、土木系一年级学生王志德、政治系一年级台湾籍学生陈如丰被杀害。

1948年2月20日，教育部函告学校：英国牛津大学已认可学校毕业生在牛津的研究生地位，即学校本科毕业生凭学习成绩可申请攻读牛津大学的研究生。

1949年5月，武汉解放；6月，人民解放军正式接管武汉大学。

1949年8月24日，文教接管部批准成立武汉大学校务委员会，作为全校最高领导机构。

1952年11月，中共中央任命李达为武汉大学校长。

1952年全国高校院系大调整，此后武汉大学的工学院、农学院、医学院从武汉大学分离出去，与湖南大学、广西大学、南昌大学的相关系科合并，分别组成华中工学院（1985年改名为华中理工大学）、中南土木建筑学院（1958年改名为湖南工学院，1959年改名为湖南大学）、中南矿冶学院（1985年改名为中南工业大学）、华中农学院（1985年改名为华中农业大学）、中南同济医学院（1955年改名为武汉医学院，1985年改名为同济医科大学）。

1953年学校成立水利学院，这是武汉大学历史上的"第七个学院"。

1954年,学校的水利学院与天津大学、华东水利学院等校的有关系科合并在一起,成立武汉水利电力学院(1993年改名为武汉水利电力大学)。

1954年,罗荣桓元帅回母校视察。

1958年9月12日,毛泽东视察武汉大学。下午7时20分,毛主席来到学校校办工厂,并和在工厂实习的学生亲切握手。7时50分,毛泽东在行政楼门前接见武汉大学、武汉水利学院等4校的师生员工13000余人,这是武汉大学校史上最光辉的一页。

1960年10月,武汉大学被国务院确定为全国64所重点院校之一。

1964年,阿富汗国王查希尔在董必武副主席陪同下回母校视察。

1974年5月,叶剑英元帅接见在江峡轮上实习的学校中文系师生。

1978年,全校实行学分制;1983年,实行主辅修制和双学位制;1984年,实行插班生制;1986年,建立奖学金制度。

1983年,伍修权将军回母校为师生做报告。

1984年,学校成立研究生院,成为全国首批22所"研究生院"建设试点单位。

1993年,学校举办百年校庆盛典。

1995年11月,学校顺利通过国家"211工程"项目预审。

1999年,学校被美国《科学》杂志评为中国最杰出的大学之一。

武汉水利电力大学（1954~2000）

1954年12月1日，高等教育部根据国务院决定，批准成立武汉水利学院；学院设水利土壤改良、河川枢纽及水电站建筑、水道及海港三个本科专业和水利技术建筑、水利土壤改良两个专修科；设立水工建筑系、河港工程系和水利改良系。

1955年8月，天津大学、华东水利学院、河北农学院、沈阳农学院水利土壤改良专业及华东水利学院水利土壤改良专修科并入武汉水利学院，武汉水利学院的水道及海港专业调至华东水利学院。

1958年8月，武汉水利学院开始招收留学生。

1958年9月12日，学校师生在武汉大学接受了毛泽东的接见。

1959年1月，学校改名为"武汉水利电力学院"。

1964年12月，北京电力学院高电压技术专业及电厂化学专业并入武汉水利电力学院。

1965年7月，学校在丹江口试办半工半读制。

1967年7月23日，中国人民解放军7252部队进驻学校。

1971年3月7日，学校首届工农兵学员开学。

1977年12月，水动系西津水电厂完成了国内首次大型轴流转桨式水轮机效率试验科研任务。

1978年3月4日，全国恢复高考制度后，首届新生开学。

1979年1月，成立水利水电科学研究所和电力科学研究所。

1980年1月，学校恢复函授招生，开始招收电力工程和水利水电工程两个专业的函授生；8月，招收首届自费走读生。

1981年11月3日，高电压工程、工程水文及水资源、水力学及河流动力学、水工结构工程、农田水利工程经国务院批准成为全国首批有权授予博士学位的专业。发电厂工程、电力系统及其自动化、高电压工程、岩土工程、工程水文及水资源、水力学及河流动力学、水工结构工程、农田水利工程成为全国第一批有权授予硕士学位的专业。

1982年9月，学校首次招收博士研究生。

1983年10月23日，与美国衣阿华大学建立校际学术交流关系。

1984年4月16日，学校研制的岩石三轴流变仪通过鉴定，该研究为我国研究岩石流变性能提供了先进的工具。

1984年12月1日，学校隆重举行建院30周年庆祝大会。

1985年1月，新奥法试验研究成果获"三委一部"颁发的国家奖。

1986年5月5日，中华人民共和国水利部部长钱正英视察学校；11月5日，全国政协副主席、中国科协名誉主席周培源视察学校。

1987年5月27日，中华人民共和国水利电力部批准我院研制的"火电厂动力用煤"为水电部标准煤样。

1987年9月1日，谢鉴衡教授、肖焕雄教授被国家科学技术委员会和水利电力部聘为长江三峡工程重大科学技术研究攻关项目课题组专家。

1987年12月19日，学校与葛洲坝水电工程学院联合发布了《关于两院联合问题的商谈纪要》。

1988年4月,"氯化物的测定——电位滴定法""PH的测定——玻璃电极法""氯化物的测定——摩尔法"三种分析方法经国家标准局批准,被列入《中华人民共和国国家标准》。

1994年9月29日,武汉水利电力大学、武汉大学、华中理工大学、中国地质大学(武汉)、武汉测绘科技大学5所重点大学的校长在武汉大学签署了武汉地区5所重点大学联合办学协议书。

1995年4月21日,越南共产党中央书记阮庭肆在阔别母校38年后回母校访问。

1995年6月14日,经国家教委审批,学校取得博士生导师自行审批权和博士生招收计划自行审定权;9月,谢鉴衡教授当选为中国工程院院士。

1998年3月27日,教育部部长陈至立视察学校。

1998年7月,长江流域遭遇特大洪水,学校充分发挥专业优势,组建了科技防汛专家组及抗险突击队,为武汉市防汛工作做出较大贡献。

武汉测绘科技大学(1956~2000)

1955年6月,经国务院批准,将同济大学测量系及青岛工学院、天津大学、南京工学院、华南工学院等几个学校的工程测量专业调整出来,并以青岛工学院的公共课、基础课、基础技术课的师资及行政干部为基础成立武汉测量制图学院。学校选定湖北武汉珞珈山麓天门山栗子园一带为校址,10月20日为学校校庆日。

1956年6月，全国人大常委会副委员长郭沫若为武汉测量制图学院题写校名。

9月1日，学校正式开学，共有3个系4个专业。3个系分别为航空摄影测量与制图系、天文大地测量系、工程测量系。4个专业分别为：航空摄影测量、制图学、天文大地测量、工程测量。学制为本科五年，学校还招收外国留学生。

1957年8月13日，首届本科生毕业。

1958年4月6日，中共中央主席毛泽东在武汉接见科技人员时，与夏坚白教授亲切握手谈话。

12月20日，经国家测绘总局批准，武汉测量制图学院改为"武汉测绘学院"。

1959年6月10日，我国第一座基线尺检定室在学校建成。

12月，国家测绘总局批准学校增设无线电与制造、电子计算机、物理三个专业。

1961年7月22日，越南国家测绘局局长阮延卿参观学校。

1965年，学校野外实习场地在湖北省崇阳县建立。

1969年，武汉测绘学院被撤销。

1973年5月23日，国务院宣布重建武汉测绘学院；学院设立天文大地测量、航空摄影测量、工程测量、地图制图、测量仪器制造、无线电技术、计算技术7个专业。

1974年10月，学院招收第一批工农兵学员。

1977年11月24日，国际著名重力测量学家、意大利大地测量委员会主席马露西教授来学校访问。

1978年2月27日，教育部确定学校为全国重点高校。

3月,"文化大革命"后招收的第一届本科大学生(1977级)入学。

3月13日,"波带板激光准直系统"和"测绘专用台式电子计算机"两项科研成果获"全国科技大会奖"。

1979年3月,国际摄影测量与遥感学会秘书长、德国汉诺威大学康乃斯教授访问学校。

10月,王之卓教授的《摄影测量原理》一书由测绘出版社出版,这是一部代表我国摄影测量科学水平的理论著作,在国内外产生了重大影响。

1980年11月,经国务院批准王之卓教授被中国科学院增补为地学部学部委员。

1981年10月3日,国务院学位委员会批准学校为博士和硕士学位授予单位,博士点2个,硕士点5个。

11月9日,经外交部和教育部批准,学校与奥地利共和国格拉茨工业大学正式建立学术协助关系。

1982年1月,国务院批准学校为首批授予学士学位的高等学校之一。

1983年1月12日,学校研制用于大型汽轮机组安装的波带板激光准直系统,填补了我国激光技术应用一项的空白。

6月,学校首次招收攻读博士学位的研究生。

1984年4月,教师鄂栋臣被选定参加我国首次南极考察工作,并任考察队党支部副书记、测绘班班长。

1985年1月25日,学校集会纪念叶雪安教授诞生八十周年,并设立"叶雪安大地测量奖学金"。

10月12日，国家测绘局批准将武汉测绘学院更名为"武汉测绘科技大学"。

1985年，航空摄影测量系发展为航测与遥感系；电子测绘仪器系发展为计算机与无线电工程系；学校还成立了研究生部；增设了计算机及应用、工业与民用建筑、测绘等3个两年制专科专业；国家教委批准学校可接受国内访问学者。

1986年10月20日，学校举行隆重的建校三十周年重庆祝大会。

12月9日，学校与荷兰国际航天测量与地学学院合作，并获中、荷两国政府的批准在武汉测绘科技大学建立"城乡测量与规划管理教育中心"。

1987年9月25日，全国政协常委刘西尧来校视察。

12月25日，学校出色完成国家重大技术装备项目——"北京正负电子对撞机"的子课题——202米直线加速器的安装测量研制任务，获国家嘉奖及李鹏总理签发的荣誉证书。

1988年3月17日，学校部分机构进行了调整：政治理论课部改名为社会科学部，撤销计算机与无线电工程系，成立电子工程系和计算机科学与工程系。

4月26日，苏联国家测绘总局局长雅申科一行访问学校。

6月3日，学校制定并颁布《关于攻读"双专业"和"辅修专业"的暂行办法》。

7月，名誉校长王之卓教授被国际摄影测量与遥感学会授予学会最高荣誉——"荣誉会员"称号。

10月14日，鄂栋臣高级工程师和徐绍铨副教授参加我国首次东南极考察。

11月1日至12月5日，由学校牵头组织，采用全球定位系统测定我国大陆架卫星定位网，布设成功。它填补了我国关于海洋大地测量的空白，标志着我国卫星定位技术进入了一个新阶段。

1989年2月21日，学校受国家测绘局委托举办的首期"专业证书"教学班开学。

3月3日，"测绘遥感信息工程实验室"被确定为国家重点实验室，并被列为世界银行追踪实验室。

12月，王之卓主持的《专业改造系统工程——由航空摄影测量专业发展为摄影测量与遥感专业》荣获国家教委全国普通高等学校优秀教学成果优秀奖。

1990年3月，7名教师参加南沙科学考察队，把我国南海纳入大陆的统一坐标系统，建成我国第一个与大陆相连接的南海大地控制网。

1992年9月30日，国家测绘局继续教育中心暨学校成人教育学院成立。

1994年5月27日，联合国和平利用外层空间委员会空间科技教育评估团来校考察。

6月3日，航测与遥感系系主任、中国科学院院士李德仁教授当选为中国工程院首批院士之一，成为全国测绘界第一位"双院士"。

1995年3月23日，博士生刘少创被选入中国首次北极点科学考察探险队。

7月，宁津生校长当选为中国工程院院士。

1996年10月，学校隆重庆祝建校40周年。

1997年10月6日，国家测绘局党校、国家测绘局管理干部学院在校挂牌成立。

11月23日，中共中央政治局常委、国务院副总理李岚清来校视察。

1998年6月，武汉遭遇有水文记载以来最大暴雨袭击，长江流域遭遇特大洪水灾害，学校利用专业优势，研制一套反映洪水水势的影像图，提供给国家防汛抗旱总指挥部，为准确、全面地了解洪水情况，研究救灾对策提供了宝贵的信息。

1999年7月，鄂栋臣教授参加我国首次直接组织的北极地区综合科学考察队。

10月，学校研制的"自行GPS火炮系统"在新中国成立50周年阅兵式中向世界展示，其精准度和自动化高程度受到军方称赞。

湖北医科大学（1942～2000）

1942年8月8日，湖北省政府议定成立湖北医学院筹备处。

1943年5月14日，湖北省政府宣布正式成立"湖北省立医学院"，地点在恩施土桥坝沙湾，建院日为10月12日。

8月，开始招收首届新生。

1944年9月，院长朱裕壁兼任湖北省立医院院长，同时扩充附设高级医事职业学校。

1945年11月10日，湖北省立医院迁到武汉，更名为

"湖北省立武昌医院"。

1946年3月,学校师生分批迁往武汉,暂住武昌府街口圣公会教堂。

9月,经教育厅呈请湖北省政府,批准拨给武昌张之洞路"两湖书院"作为校址。

1948年8月,经湖北省政府批准,成立"湖北省立医学院附设医院"。

1949年11月,经湖北省人民政府批准,将原省立武昌医院、湖医附设医院、武昌妇孺医院、省立传染病医院、省立结核病院五所医院合并,成立湖北省人民医院。

1952年10月,附设的高级医事职业学校更名为"湖北省武昌卫生学校",到1953年7月正式脱离学校领导。

1953年4月,根据上级指示,学校由中南教育部改为卫生部领导。

9月12日,中南卫生部会同省卫生厅、教育厅负责人来校,举行委托省卫生厅代管学校的接受仪式;同时宣布学校改名为"湖北医学院"。

1954年11月16日,省卫生厅将湖北省人民医院正式改名为"湖北医学院附属医院"。

1956年7月21日,学校附属第二医院在武昌东湖高家湾建成。

1957年8月,学校师生迁入在武昌东湖边高家湾一带所建的新校舍;9月7日,省卫生厅决定将武昌护士学校划归学校领导,并将其更名为"湖北医学院附属护士学校"。

1958年5月23日，学校改属湖北省高等教育厅主管。

1959年5月20日，学校中医系划归湖北中医学院。

1960年6月28日，学校增设口腔医学系及原子医学专业。

1961年6月29日，学校筹建附属口腔医院，于1962年9月建成；10月，学校首次接受卫生部组派的援助阿尔及利亚医疗队任务。

1962年5月10日，省教育厅同意开设"湖北医学院黄冈分院"。

1965年3月，学校组织的第一批农村巡回医疗队赴恩施工作。

1966年2月，学校在咸宁温泉镇筹建咸宁分院。

1971年1月，学校招收首届工农兵学员。

1973年1月，学校附一医院外科副教授姚震成功进行了湖北第一例针麻体外循环心内直视手术。

1976年7月30日，唐山地震后，学校投入抗震救灾工作，分三次共投入113人的医疗队奔赴唐山，接收灾区伤员286名来校治疗。

1978年3月，恢复高考后首届新生入学；12月29日，经湖北省教育局批复，同意学校成立医学病毒、口腔医学、神经精神病三个研究所，心血管病、妇科、运动医学、核医学、老年病学、针刺麻醉、血吸虫病7个研究室。

1982年1月，学校首届硕士研究生毕业。

1983年4月，经国家教育部和湖北省卫生局批准，学校夜大恢复招生；10月23日，美国匹兹堡大学副校长施达克来校参观，并签订了两校学术交流协议。

1985年12月14日，经卫生部批准，学校与美国军事医学传染病研究所签订"湖北地区的流行性出血热病的临床治疗"合作研究协定。

1986年11月4日，全国首届口腔护理学术经验交流会在附属口腔医院召开。

1987年8月9日，病毒所副所长郑志明获第七届国际病毒学会"学术研究奖"；10月18日，学校决定从87级开始实行"奖贷学金"制度。

1988年2月12日，学校与武汉市卫生局签订"关于建立临床教学基地的协议书"。

1990年5月20日，苏联医学科学院院士尹万诺夫斯基一行4人来校访问；11月20日，国务院学位委员会批准学校为第四批新增博士学位授予单位。

1995年1月6日，附二医院获卫生部授予"三级甲等医院"牌；4月1日，湖北省第一个HIV艾滋病检测哨点在附一医院成立。

1998年1月7日，湖北省继续医学教育学院挂靠学校；8月21日，香港联邦制药厂有限公司在校设立"联邦医学教育奖学金"。

1999年1月12日，湖北省副省长王少阶来校视察。

2000年4月26日，由世界银行经济发展学院和国家卫生部共同实施的"中国卫生经济网络旗舰计划培训班"在校开班。

新武汉大学（2000~ ）

2000 年

8月2日，武汉大学、武汉水利电力大学、武汉测绘科技大学、湖北医科大学合并，组建新的武汉大学，同时撤销原四校的建制，新的武汉大学为教育部直属高校。

8月10日，学校辩论队获全国大专辩论会冠军。

9月，武汉大学东湖分校成立。

2001 年

1月13日，学校举行教育部和湖北省人民政府重点共建武汉大学签字仪式。

8月，国务院正式公布的第五批全国重点文物保护单位中，武汉大学榜上有名。

9月8日，武汉大学口腔医院改为"湖北省口腔医院"。

2002 年

2月，教育部公布高等学校重点学科名单，武汉大学有20个学科点被评为全国重点学科，在全国高校中列第七位。

2003 年

10月，国家科技部部长徐冠华视察武汉大学 P3 动物实验室。

11月29日，学校隆重举办建校110周年庆典大会。

2004 年

2月28日，桂希恩教授因在艾滋病教育、预防、关怀等方面的卓越成就，成为2003年度贝利马丁奖（Barry & Martin's Prize）的唯一得主。

6月11日，国务院总理温家宝来校看望桂希恩。

2005年

1月18日，中国第21次南极科考队成功抵达南极内陆距海岸线最远的冰穹 Dome A，学校博士生张胜凯登上南极内陆冰盖最高点，这是人类历史上的第一次。

2006年

10月27日，法国总统希拉克来校访问。

2007年

4月10日，泰国公主玛哈扎克里·诗琳通来校访问。

9月17日，黄来女当选"全国十大孝老爱亲模范"，在人民大会堂受到了中共中央总书记、国家主席、中央军委主席胡锦涛的亲切接见。

2008年

1月，"211工程"建设项目通过国家"211工程"部际协调小组办公室整体验收。

4月10日，哈萨克斯坦总理卡里姆·马西莫夫继2000年后再次访问母校，学校为其举行名誉博士学位授予暨杰出校友颁奖仪式。

8月4日，教育部党组书记、部长周济来校考察。

2009年

2月2日，我国首个南极内陆考察站建站，测绘学院教师张胜凯参与建站，他完成的冰盖运动监测工作填补了国际南极冰川学研究的空白。

11月19日，中共中央政治局委员、国务委员刘延东来校考察。

11月21日，法国前总理拉法兰来校，代表法国总统萨科奇向医学部部长、中南医院院长周云峰教授授予法国最高荣誉勋位——法国军团荣誉勋章。

2010年

1月27日，学校科学技术发展研究院和人文社会科学研究院成立。

4月13日，东帝汶民主共和国第一副总理特雷斯来访。

6月25日，学校成立国学院。

11月7日，在新加坡举行的国际大学群英辩论会决赛上，武汉大学辩论队勇夺冠军。

11月21日，胡德坤当选为人文社会科学资深教授，至此，学校共有9位人文社会科学资深教授。

2011年

3月29日，国家科技部批准学校与以袁隆平院士为学科带头人的湖南杂交水稻研究中心共建杂交水稻国家重点实验室。至此，学校国家重点实验室总数增至5个。

3月30日，美国化学会纤维素和可再生资源材料分会主席宣布，化学与分子科学学院张俐娜教授获得2011年安塞姆·佩恩奖（Anselme Payen Award）。由此，她成为半个世纪以来获得该奖项的第一位中国人。

10月6日，英国《泰晤士报高等教育副刊》发布2011～2012世界大学排名，学校首次登上该排行榜，进入世界大学400强，中国大陆共有10所高校入选。

12月8日、9日，中国工程院、中国科学院先后公布2011年院士增选名单，学校新增5位院士。其中，张俐娜、龚健雅、舒红兵当选为中国科学院院士，李晓红、李建成当选为中国工程院院士。

2012年

1月，在全国第二轮学科评估中，测绘科学与技术，图书馆、情报与档案管理，公共管理3个一级学科均以高分名列全国同类学科第一。

3月1日，"基本科学指标"更新的数据库显示，学校进入世界排名前1%的学科由7个增加到9个，在内地高校中排名并列第8位。新入围的两个学科是：药理学与毒理学、环境科学与生态学；此前已进入的7个学科为：化学、工程学、材料科学、物理学、植物学与动物学、临床医学、生物学与生物化学，本次排名均有所上升。其中，化学排名全球第136位，材料科学也跻身全球前200名。

2013年

1月29日，教育部公布全国第三轮学科评估结果，学校共有23个学科排名前十位，其中测绘科学与技术，图书馆、情报与档案管理，马克思主义理论，地球物理学4个学科排名第一。

5月1日，基本科学指标数据库（Essential Science Indicators, ESI）22个学科全部公布，学校11个学科进入世界排名前1%，位居内地高校第8位。

2014年

4月24日，在杜格—纳须（Dooge—Nash）国际水文科学大会上，夏军教授荣获"2014年国家水文科学奖Volker奖章"，成为首个获此殊荣的中国学者。

6月，1929年由美国人设计的武汉大学建校图纸，经湖北省文物管理部门鉴定，被确定为国家一级文物。

10月1日，《泰晤士报高等教育》公布了2014~2015年世界大学排名，学校再次进入400强，居352位。

10月，武汉大学牵头的"国家领土主权与海洋权益协同创新中心"和"地球空间信息技术协同创新中心"入选2014年度"2011协同创新中心"。截至目前，全国牵头两个（及以上）中心的高校仅有6所，武汉大学是湖北省首个以牵头单位身份获批的高校。

2015年

2月28日，学校荣获"全国文明单位"称号。

3月，据有关数据，学校12个学科进入ESI排行前1%，其中化学位列全球第88位；哲学等9个学科进入QS学科前300强；5个学科进入USNews学科排行前200位，其中材料学上升26位至第51位，化学位列第59位。

学校在USNews全球最佳大学排行中位列第251位，QS世界大学排行中排名第273位。

12月，夏军当选为中国科学院院士。

参考书目

1. 吴贻谷主编《武汉大学校史》(1893~1993),武汉大学出版社,1993年;
2. 骆郁廷主编《流风甚美——武汉大学文化研究》,武汉大学出版社,2013年;
3. 骆郁廷主编《烽火西迁路——武汉大学西迁乐山70周年纪念图集》,武汉大学出版社,2008年;
4. 骆郁廷主编《乐山的回响——武汉大学西迁乐山70周年纪念文集》,武汉大学出版社,2008年;
5. 谢红星主编《武汉大学校史新编(1893~2013)》,武汉大学出版社,2013年;
6. 谢红星主编《武汉大学历史人物选录》,武汉:崇文书局,2012年;
7. 周叶中、涂上飙编著《武汉大学研究生教育发展史》,武汉大学出版社,2006年;
8. 薛毅著《王世杰传》,武汉大学出版社,2010年;

9. 李晓虹、陈协强编《武汉大学早期建筑》，武汉：湖北美术出版社，2006年；

10. 董鼐总编《学府纪闻·国立武汉大学》，台北：南京出版有限公司，中华民国70年；

11. 石观海著《珞珈山的过客》，香港：天马出版有限公司，2012年；

12. 徐正榜、陈协强主编《名人名师武汉大学演讲录》，武汉大学出版社，2003年；

13. 武汉大学北京老校友会《北京珞嘉》编辑部编《珞嘉岁月》，2003年；

14. 王觉源编《战时全国各大学》，重庆，独立出版社，民国三十年；

15. 吴相湘、刘绍唐《国立武汉大学一览》，台北：传记文学出版社，中华民国60年；

16. 吴骁、程斯辉著《功盖珞珈"一代完人"——武汉大学校长王星拱》，济南：山东教育出版社，2011年；

17. 张在军著《苦难与辉煌——抗战时期的武汉大学（1937~1946)》，台湾：秀威资讯科技股份有限公司制作发行，2012年；

18. 涂上飙编著《国立武汉大学初创十年（1928~1938)》，长江出版社，2015年。

19. 涂上飙著《民国时期的研究生教育发展史》，湖北美术出版社，2014年；

20. 涂上飙、刘昕著《抗战烽火中的武汉大学》，河南大学出版社，2014年；

21. 涂上飙主编《武汉大学历史探究（第一辑）》，湖北美术出版社，2014年。

22. 涂上飙主编《武汉大学图史》，湖北美术出版社，2014年；

23. 涂上飙主编《乐山时期的武汉大学（1938~1946）》，武汉：长江文艺出版社，2009年。

后　记

承蒙社会科学文献出版社《中国史话》编辑委员会的抬爱，《武汉大学史话》一书由本人撰写。从能力和水平来讲，本人实难胜任此项工作，但本着加强自身学习和为大学文化建设提供素材的目的，在探索之中写出了这本不成熟之作。

按照书的体例，书中的主体内容分为三个部分，即校史概述、武汉大学往事和武汉大学名人。

校史概述：以历史为线索，纵向展示了武汉大学120余年的发展历程、辉煌成就及努力方向。本书在勾勒校史时力求简明扼要，突出每一时期的主要史实及取得的成绩，当然，史实的选取及成绩的评价定位都只是个人之见，缺乏公允在所难免；在讲述成就时，围绕大学的四个功能展开，即紧紧抓住培养人才、创新知识、服务社会和传承文化四个方面进行阐述，但对优秀人才的分类展示、知识创新所涵盖的方方面面、服务社会的深度和广度以及文化传承的成果和影响等都还有许多值得推敲之处；对未来的展望，以学校的文件精神为依据，强调要加强内涵、特色、创新、开放、共建、和谐六个方面的协同发展，描绘了学校未来的发展蓝图，但可能存在描述缺乏生动性的问题。

武汉大学往事：主要是对 20 世纪三四十年代，令人值得回味及对现在仍有广泛影响的人或事进行专题讲述，以期使人们阅读之后产生强烈的共鸣，起到激励和感染作用。沈祝三亏本建校舍、十八栋别墅的名人印记、李四光与武汉大学的情缘、王世杰的珞珈情等故事读来都是值得回味的；20 世纪 30 年代的"法学院之王"、周恩来在武汉大学的抗战活动、武汉大学樱花的历史及 20 世纪三四十年代在世界顶级刊物发表 8 篇论文等史实，对现在的办学仍具有启迪作用。

武汉大学名人：以民国的学人为主兼及现代已故的学者专家，从各个方面突出表现学校教学师资力量。陈潭秋是武汉大学学生中的佼佼者，显示了学校人才培养的绩效；周鲠生（法学）、杨端六（经济学）、刘秉麟（经济学）三位部聘教授是当时各自学科领域全国一流的专家，是学校强大师资实力的一个体现；袁昌英、苏雪林、凌叔华珞珈三女杰，是当时新文学的一批代表人物，也是女性解放的一个象征；吴于廑（历史学）、张培刚（经济学）、韩德培（法学）哈佛三剑客，是对学校学科建设有突出贡献的人物；高尚荫（病毒学）、王之卓（摄影测量与遥感学）是各自所在学科领域的奠基人；李国平是当时数学领域首屈一指的人物；唐长孺是潜心为学的学人代表；石泉是敢于创新的学人代表。当然，本书在名人选取方面的不足也是十分明显的，如名人是否仅仅局限于上述几个学科，等等。

　　需要特别指出的是，本书在撰写的过程中参考了一些同志的研究成果，但受出版要求的限制，未能详细注明，如李工真、徐正榜、乐宏、郑公超、赵基明、肖波、胡珊、刘文祥等同志的研究成果。在此表示歉意！幸好书中附列了参考书目，本书参考的材料都没有超出参考书目的范围。李娜、秦然两位老师为本书提供了原始图片，陶晓钟、马菲、刘春弟、王环、钟崴等老师提供了诸多原始档案，在此一并表示感谢！

　　受能力和水平的限制，书中的不妥乃至错误在所难免，恳请各位方家指正！

涂上飙

2016.6.21

于武昌珞珈山

史话编辑部

主　任　袁清湘

成　员　（以姓氏笔画为序）
　　　　王　和　王　敏　王玉霞　李艳芳
　　　　杨　雪　杜文婕　连凌云　范明礼
　　　　周志宽　高世瑜

图书在版编目（CIP）数据

武汉大学史话/涂上飙著． —— 北京：社会科学文献出版社，2016.8（2016.11 重印）
（中国史话）
ISBN 978 – 7 – 5097 – 9428 – 9

Ⅰ．①武… Ⅱ．①涂… Ⅲ．①武汉大学 – 校史 Ⅳ．①G649.286.31

中国版本图书馆 CIP 数据核字（2016）第 163130 号

"十二五"国家重点图书出版规划项目

中国史话·文化系列
武汉大学史话

著　　者／涂上飙

出　版　人／谢寿光
项目统筹／袁清湘　　责任编辑／杨　雪　王　和

出　　版／社会科学文献出版社·史话编辑部（010）59367143
　　　　　地址：北京市北三环中路甲29号院华龙大厦　邮编：100029
　　　　　网址：www.ssap.com.cn
发　　行／定制出版中心（010）59366509　59366498
　　　　　市场营销中心（010）59367081　59367018

印　　装／三河市尚艺印装有限公司
规　　格／开　本：889mm × 1194mm　1/32
　　　　　印　张：6　字　数：127千字
版　　次／2016年8月第1版　2016年11月第2次印刷
书　　号／ISBN 978 – 7 – 5097 – 9428 – 9
定　　价／25.00元

本书如有印装质量问题，请与读者服务中心（010 – 59367028）联系

▲ 版权所有 翻印必究